향기로운 똥다여
깨달음의 환희라네

향기로운 동다東茶여
깨달음의 환희歡喜라네

지은이_ 원학 스님

1판 1쇄 발행_ 2014. 4. 28
1판 4쇄 발행_ 2014. 5. 16

발행처_ 김영사
발행인_ 박은주

등록번호_ 제406-2003-036호
등록일자_ 1979. 5. 17.

경기도 파주시 문발로 197(문발동) 우편번호 413 – 120
마케팅부 031) 955–3100, 편집부 031) 955–3250, 팩시밀리 031) 955–3111

값은 뒤표지에 있습니다.
ISBN 978–89–349–6802–3 03220

독자 의견 전화_ 031) 955–3200
홈페이지_ www.gimmyoung.com
이메일_ bestbook@gimmyoung.com

좋은 독자가 좋은 책을 만듭니다.
김영사는 독자 여러분의 의견에 항상 귀 기울이고 있습니다.

향기로운 동다茶여
깨달음의 환희歡喜라네

초의艸衣 선사 짓고

원학圓學 스님 엮어 쓰다

김영사

그림 한 폭에 차향이 서리고

그림에 얽힌 차와 사람 인연

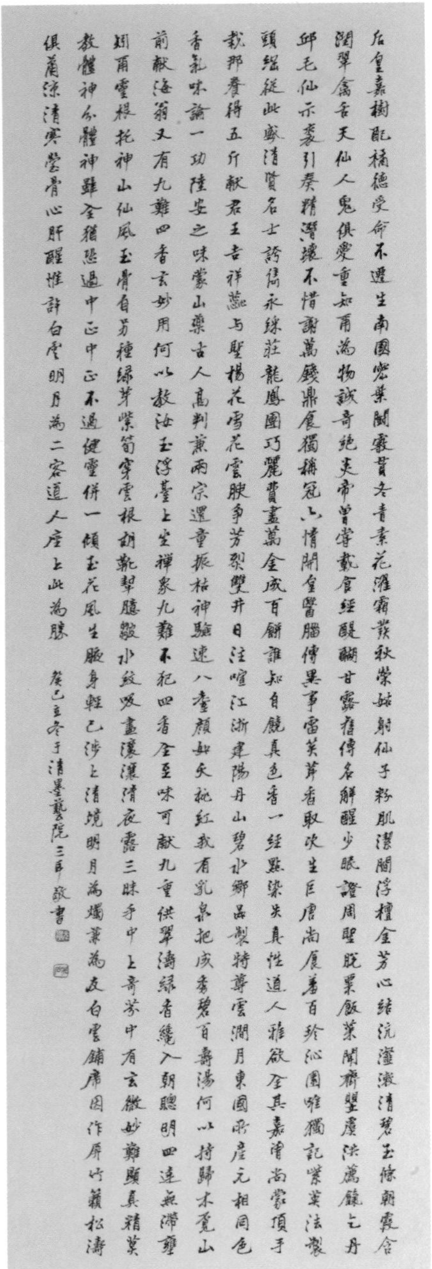

右皇嘉樹配橘德受命不遷生南國密葉鬪霰貫冬靑素花濯霜發秋榮姑射仙子粉肌潔閻浮檀金芳心結沆瀣漱淸碧玉條朝霞含潤翠禽舌天仙人鬼俱重愛知爾爲物誠奇絕炎帝曾嘗載食經醍醐甘露舊傳名解酲少眠證周聖脫粟伴蔬羞龍飯茶山先生乞茗詩

邢毛仙示裘引泰耀邊不惜萬錢賙永輒綠芽紫筍穿雲根�...

頭綱從此家淸賢...

載卲躋持五斤獻君王吉祥蕊與聖楊花雪花雲腴爭芳烈雙井日注喧江浙建陽丹山碧水鄕品製特勝獨蒙頂手東國所産元相同色香氣味諒一功陸安帶味蒙山藥古人高判兩宗還童振枯神驗速八耋顏如夫抛紅我有乳泉把成秀碧百壽湯何以持歸木覓山

香氣味諒一功陸安...山茶尚可獻九重供翠濤緣香隨八朝聰明四達無滯壅

前獻海翁又有九難四香玄妙用何以教汝...

翩翩靈根托神山仙風玉骨自種綿芽紫筍穿雲根胡然到...玉浮臺上坐禪衆九難不犯四香全至味可獻...

教體神令體輕健靈根托一顆玉花風生腋身輕已涉上淸境明月為燭兼為友白雲鋪席因作屛

俱森凉淸賓瑩骨心肝惺惺僣計白雲明月為二客道人座上此為勝

癸巳立夏手淸臺藝院三年敬書

芳草幽人自間
방초유인자한

꽃향기 숲속에 사람이 머물면
언제나 여유롭네.

40여 년 전 청남 오제봉 선생의 문하에서 서예를 배울 때
선생께서 필자에게 써준 글씨이다. 선생은 국전심사위원장
을 역임하신 서예계의 원로이셨지만, 부산에서 후학을 지도
하며 일생을 보내시다 돌아가셨다.
이른 아침에 일어나시면 글을 쓰셨는데 언제나 차를 달여
놓고 다향을 가까이 하시며 다예茶藝의 일생을 몸소 실천
하셨다.
쌍관은 '무위선백無爲禪伯에게 써준다.'는 뜻이며, 무위는
선생이 처음 필자에게 지어준 호號이기도 하다.

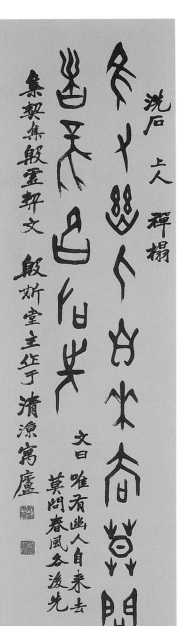

唯有幽人自來去
莫問春風各後先
유유유인자래거
막문춘풍각후선

오직 뜻 깊은 사람만이 왔다 갔다 함이 있을 뿐
봄바람의 후선이 있다고 묻지 말거나.

일생 동안 전각과 서예를 하며 다인으로 살다가 10여 년 전
에 고인故人이 된 청사靑斯 안광석安光碩 선생이 30여 년 전
에 필자에게 써주신 글씨이다.
선생은 일평생 선비정신으로 깨끗하게 사셨고, 필자는 선생
에게 인생에 대한 많은 가르침을 받았다. 정분情分을 못 잊
어 써주신 글씨이기에 소중히 간직하고 있다.
글씨 뜻은 깨끗한 선비의 삶 속에는 언제나 마음을 알아주
는 벗들만이 왕래한다는 것이고, 그것은 봄바람같이 차별 없
이 다가와 모든 생명체들의 살결을 스치는 바람과 같다는
뜻이다.
'세석상인洗石上人에게 올린다.'는 쌍관을 하셨는데, 세석은
필자의 자호自號이기도 하다.

契當至合

●

契當至合
계당지합

정당한 뜻을 모으면 모두가 공감하는 합의를 이루게 된다는
뜻이다. 효당 최범술 선생께서 40여 년 전 필자에게 써준
글씨이다. 선생은 일생 동안 원효학을 연구하며 다인으로 사
셨다. 우리나라 다도茶道 부흥에 큰 힘이 되셨을 뿐만 아니
라, 초의 선사의 《동다송》을 처음으로 〈독서신문〉에 번역, 연
재하기도 하셨다.
필자가 20여세 때 선생은 일흔이셨는데, 쌍관에 '무위無爲
원학元學 동지同志를 위해서 쓴다.'고 적으셨다. 이제 와 생
각하니 선생께서 얼마나 필자를 귀여워하셨는지 느낄 수 있
다. 건강이 불편하실 때도 누워서 경전을 번역해 설명해주시
던 그 자상함을 평생 두고 잊을 수가 없다.

●

필자는 14세 때 처음 붓을 들고, 18세 때 '불佛'자를 크게
써보았다. 지월指月 노스님께서 이 글씨를 방에 걸어두고 많
은 사람들에게 손상좌의 글씨라며 자랑하셨다.
1971년 노스님께서 입적하신 뒤 필자가 범어사 소임을 할 때
잃어버린 것을 도반의 도움으로 30여 년 만에 찾게 되었다.
초년기에 쓴 것 중 유일하게 남아 있는 글씨다.

不知近水 花先發
疑是經冬 雪未消
부지근수 화선발
의시경동 설미소

물 흐르는 계곡 가까이
매화꽃 먼저 핀 것 알지 못하고
겨울이 지났는데 눈이 아직 녹지
않았는가를 의심하였네.

옆으로 매화꽃가지 휘늘어져 활짝
핀 모습이다. 다인의 생활 속에서 매향
梅香에 물들고자 마음을 담아 경칩 지
난 후 7일째 날 그려보았다.

淵明去後誰能採
我愛東籬九月香
연명거후수능채
아애동리구월향

도연명이 떠난 후
누가 능히 국화를 꺾겠는가?
나만이 홀로 동쪽 울타리 구월의
국화 향을 사랑한다네.

벼랑에 늘어진 야국野菊 한 줄기를 그렸다.
다인은 국화뿐 아니라 예로부터 사군자를
사랑하고 가까이하였다. 이것은 국화의 향
기와 동다東茶의 향기가 어우러진 삶의 여
유를 배우고 익히고자 함이다.

林中茅屋茶煙起
임중모옥다연기

화제畵題의 뜻은 '숲속 초가집에 어느 선비가 앉아 차 달이
는 연기가 피어 오른다.'로, 다인茶人은 언제나 자연의 풍광
속에서 유한遊閑의 여유를 가지고 차생활로써 마음을 닦아
야 한다는 염원을 필자가 담아 그렸다.

〈미인도〉

이 그림을 그린 숙당淑堂 배정례裵貞禮 선생은 이당以堂 김은
호金殷鎬 선생의 유일한 홍일점 제자로 일본 동경미대東京美大
를 나와 이당 선생에게 사사하였다.

필자와의 인연은 30여 년 전으로 거슬러 올라간다. 그림을
그릴 때는 언제나 〈영산회상곡〉을 틀어놓고 차를 마시며 작
업에 몰두하던 선생은 30여 세의 젊은 필자에게 이 그림을
애인 삼아 수행에 전념하라고 하셨다.

언제나 즐겁고 여유롭게 마주앉아 차를 나누고 그림을 이야
기하던 아름다운 추억이 기억에 생생히 남는다. 마치 관세음
보살 같던 자비로운 미소와 성스러운 모습도 이제는 영원히
만날 수 없다. 늘어진 매화가지 아래 피리를 부는 〈미인도〉
를 보면 마치 선생이 살아난 듯 느껴진다.

하늘이
하도나
고요하시니,
난초는
궁금해
못 되는 거라. 미당 서정주

김원학 스님께

● 20여 년 전 미당 서정주 선생께서 필자에게 써준 글씨이다. 언젠가 선생께 쌍송雙松을 그려드렸는데 어느 해 세배를 올리러 가보니 평소 서재에 있던 소나무 그림이 보이지 않았다. 연유를 여쭙자 "미국에 살고 있는 아들이 달라기에 주었다."고 하셨다. 그 후 난초 그림을 그려 올리자 선생은 난초에 대한 이 시詩를 지어주셨다.

겨울 僧房

불을 열면 눈이 오겠지
잿토끼 뛰고 참새 날겠지
모든 날것의 깊은 포근함으로
또 한 길이 열리겠지
라버리고 오던 길, 길목의 여울
돌돌 말아 덮어온 저녁
말 못하고 들지도 않고
고무신만 뽀얗게 닦아 온 밤
묵숨 불은 모든 것이
제자리로 돌아가 누운 곳에
고무신만 하얗게 걸어 가겠지
밤새 또 눈이 오겠지

歲時庚申立秋節於素村軒
養元學重僧初義詩寫

● 초이初荑 김양식金良植 선생은 필자가 18세 무렵 처음 만나 지금까지 자상한 누님같이 언제나 옆길로 빠지지 않게 보살펴주시고 후원해주셨다. 방황하던 사춘기와 종단사태에 휘말려 6년 동안 제주도에 머물며 힘들었던 순간들을 누님의 도움으로 극복하면서 오로지 공부에 전념할 수 있었으니 인생에 있어 스승이기도 하다. 시인詩人이시며, 원로元老임에도 불구하고 아직도 인도박물관 관장으로서 왕성하게 활동하며 저작활동에도 여념이 없으시다. 이 글 〈겨울승방〉은 40여 년 전 쌍계사 시절에 나의 모습을 보고 써주신 편지 속에 붙여온 시詩다.

머리말

—

한잔의 차향을 뭇 생명과 더불어

차문화는 이제 현대인의 생활과 나누어 생각할 수 없을 정도
로 생활의 일부가 되었다. 지인들과 정담을 나눌 때나 식사를 마
친 후에 차 한잔을 마시는 모습은 매우 자연스러운 풍경이다. 하
지만 아쉬운 것은 우리가 마시는 차가 대부분 커피류라는 점이
다. 한때 우리 차에 대한 관심이 높아지면서 잠시나마 녹차의 대
중화 바람이 일기도 했으나, 지금은 다시 커피의 인기에 밀려나
고 말았다. 요즘에는 산사의 스님들조차 커피 맛에 길들여지고
있는 형편이니 말해 무엇 하랴.

커피 맛에 길들여진 스님들을 보며 문득 18~19세기에 살았던
초의 선사를 떠올렸다. 우리나라 차를 동다東茶라 이름하고 선
수행과 차를 일치시켜 차문화를 크게 일으킨 초의 선사는 조
선의 다경茶經이라 불리는《동다송東茶頌》을 썼고, 찻잎을 따서
덖고 우리고 마시는 법까지 상세히 기록한《다신전茶神傳》이
란 책도 썼다. 지금까지도 다인茶人들 사이에서는 초의 선사
가 다성茶聖이라 불린다.

초의 선사가 지금 우리와 함께 살고 있다면, 그리하여 무릇 산사에 올라 스님들이 너나없이 커피를 즐겨 마시는 것을 보신다면 뭐라고 하실까? 옛날과 지금이라는 물리적 시간을 제쳐두더라도 차 한잔의 멋과 가치가 너무 멀리 흘러가버린 듯한 느낌을 지울 수 없다. 필자는 때때로 차와 선을 하나로 보고 다선일미茶禪一味를 설한 초의 선사의 《동다송》을 읽으며 언젠가 꼭 번역하여 한글세대도 함께 볼 수 있는 책으로 출간하면 좋겠다고 생각해왔다. 차가 단지 기호식품이나 건강음료 정도로 여겨지는 것은 아쉬운 일이다. 한잔의 차를 정성껏 달이고 마시는 일에 또 하나의 진리, 또 하나의 깨달음이 담겨 있음을 알리고 싶었다.

초의 선사는 동다의 품격을 노래하면서 여러 곳에서 차생활의 소중함을 강조하고 있다. 찻잎을 따 덖고 우리고 마시는 전 과정을 수행자의 마음으로 임해야 함을 일깨우고 있는 것이다. 수행자가 마음을 한곳에 모아 고요히 자기를 돌아보듯 그윽한 찻자리에 앉아 한잔의 차를 마시면 어찌 흰 구름과 밝은 달이 기꺼이 환희와 깨달음으로 변하지 않겠는가.

한잔의 차를 마시는 것은 몸과 마음을 맑히는 수행의 한 방법이요, 깨달음의 환희와 다름이 없다. 때문에 책 제목도《향기로운 동다東茶여, 깨달음의 환희歡喜라네》라 정한 것이다. 이것은 또한 초의 선사의 동다가 단순한 기호음료나 전통차의 한 부류로 매도되는 것을 저어한 까닭이기도 하다.

초의 선사는 소동파의 시에서 따와 '삼매수三昧手'라는 말을 즐겨 썼다. 삼매수란 삼매三昧의 경지에 든 오묘한 솜씨나 재능을 뜻하는 말이다. 차를 다루는 솜씨가 삼매수에 이르면 손님을 맞이하여 차를 내는 주인과 객이 둘이 아닌 아름다운 찻자리가 만들어진다. 이러한 찻자리라야 비로소 차의 향과 맛이 승화된다 하였으니 이것이야말로 초의 선사가 우리에게 전하고자 하는 간절한 뜻일 것이다. 이는 경건한 수행자의 마음과 자세로 찻자리에 임할 때 비로소 차의 향과 맛 또한 온전히 드러난다는 의미이기도 하다.

밤이 고요하다.

모든 생명의 숨결을 들을 수 있는 시간, 한잔의 차를 앞에 놓고 뭇 생명들과 더불어 맑은 차에서 우러난 맛과 향을 나누고져 한다.

단기 4347년 서기 2014년 4월

봉은사 다래헌茶來軒에서

삼이三耳 원학圓學

목 차

—

초 의 선 사 의 삶 과 교 유

《동다송》의 제목을 풀이하다
—

　동다東茶는 동쪽의 차, 즉 우리나라의 차라는 뜻이다. 중국의 입장에서 방위를 말할 때 지정학적으로 우리나라가 동쪽에 속하기 때문에 자연스럽게 동다란 이름을 붙인 것이다. 중국인들은 자신들을 중원中原에 놓고 중원을 중심으로 사방을 나눈다. 그래서 동쪽은 동이東夷, 서쪽은 서융西戎, 남쪽은 남만南蠻, 북쪽은 북적北狄이라 했다. 이것은 한족漢族의 우월성을 나타내고자 중원에서 벗어난 변방을 모두 오랑캐라고 비하한 데서 비롯된 이름에 불과하다.

　우리나라는 중원을 기준으로 동쪽에 속하므로 동이족東夷族이라 불렸다. 중국인들은 또 우리나라를 해동海東이라 부르기도 하는데 이것도 역시 중국에서 바라본 우리나라의 방위를 말하는 것이다. 이러한 방위의 개념으로 우리나라에서 자생하는 차를 '동다'라 부르게 되었다.

　사실 초의草衣 선사가 우리나라에서 자생하는 녹차綠茶를 군이 동다라 이름 붙여 부른 데는 다른 까닭이 있었다. 무엇보다 우리나라 전역에서 생산되는 토산차와 녹차가 서로 다름을 구별하기 위해서였다. 그뿐 아니라 우리나라의 녹차인 동다에는 중국에서 생산되는 녹차와 달리 차별화된 향과 맛, 즉 독특한 향미가 담겨 있음을 전하고자 했던 것이다.

또한 초의 선사는 우리나라의 동다를 단순히 마시는 차가 아니라고 생각했다. 수행자가 수행의 한 방법으로 차를 마시고 차를 통해서 인격과 정신을 수양하는 것이므로 동다를 통해 인간성의 본질인 청정한 품성을 찾는 데 주목하고 있음을 강조하려고 차 이름을 그렇게 구별해 불렀던 것이다.

따라서 초의 선사는 《동다송》에서 다선일미茶禪一味, 또는 다선삼매茶禪三昧를 언급하며 수행과 다도가 둘이 아님을 누누이 강조하고 있다. 그러니 초의 선사가 '동쪽나라(조선)의 차를 칭송하는 노래', 즉 《동다송》을 지은 목적이 바로 여기에 있는 셈이다.

하지만 초의 선사가 《동다송》을 쓰게 된 계기는 다소 의외다. 다선일미, 다선삼매를 말하고 있으니 당연히 다도에 관심이 많은 불가 스님들의 궁금증을 해결해주려고 썼을 것이라 여겨지지만, 사실은 그렇지 않다. 초의가 《동다송》을 쓰게 된 계기는 다도에 남다른 관심이 있던 홍현주洪顯周(1793~1865)라는 인물 때문이다.

홍현주는 조선 제22대 임금인 정조의 딸 숙선옹주淑善翁主 (1793~1836)와 결혼하여 영명위永明尉라는 작위를 얻고 부마가 된 인물이다. 문장이 뛰어나 당시 명성을 떨치기도 했다.

　그는 유난히 차를 사랑한 다인茶人이었다. 그래서 초의 선사가 다도에 능하다는 것을 이미 알고 있었고, 마음 한편으로 초의 선사에게 존경심을 품고 있었다. 또한 기회가 되면 초의 선사에게 차에 대해 배움을 청하리라 생각하고 있었다. 그러던 차에 그는 당시 진도珍島 부사府使였던 변지화卞持和를 초의 선사에게 보내게 된다. 차에 대한 자신의 궁금증을 풀고자 직접 사람을 보낸 것이다. 물론 명을 받은 변지화는 초의 선사를 찾아가 홍현주의 뜻을 전하고 다인으로서 차를 대하는 초의 선사의 입장을 정중히 묻는다.

　이에 초의 선사는 차의 역사와 차나무의 품종, 차의 효능과 만드는 법, 생산지와 품질 등 다양한 동다 예찬의 글을 송頌으로 엮었다. 또한 각 송 뒤에는 주석을 달아 알기 쉽게 설명하고 있는데, 이것이 바로 우리나라 유일의 다서茶書로 높이 평가되는 《동다송》이다.

　사실 우리나라에서 자생하는 차, 즉 토산차는 종류를 헤아릴 수 없을 만큼 많다. 인삼차나 쑥차, 매실차, 국화차, 구기자차,

율무차, 유자차 등 수많은 차가 있다. 하지만 이러한 차는 어디까지나 생활 속에서 대화를 주고받는 사이에 여백을 메꾸기 위한 기호품으로 주로 쓰인다. 물론 나름대로 건강보조 음료로서의 역할도 하고 있다.

이러한 토산차는 특별한 격식 없이 마시는 건강에 이로운 음료인데 시대적 유행에 따라 수시로 차에 대한 풍속이 바뀌기도 한다. 시대의 흐름에 따라 새로 생기기도 하고 어느덧 사라져버리기도 한다. 해방 이후 우리의 전통적인 생활 음식과 풍속이 사라지고 서구식 커피문화가 자리 잡게 된 것도 이러한 사실을 방증하고 있다.

이뿐 아니라 우리의 전통차인 녹차도 토산차와 함께 밀려나 대중화되지 못하고 있다. 전통문화에 관심이 많은 사람들에게조차 녹차는 단순한 기호식품, 또는 건강식품 정도로 이해되고 있는 현실이다.

하지만 초의 선사는 녹차〔東茶〕를 만들어 마시는 과정을 인간이 저마다 추구하는 품성의 개발과 덕성을 닦는 수행의 한 방법으로 여겼다. 이 때문에 우리나라 녹차, 즉 동다가 가진 차로서의 미덕은 천만 년 세월이 흐른다 해도 변하지 않는 진리라 믿어 의심치 않았고, 이러한 생각이 《동다송》에서 맑은 시어로 발현

된 것이다.

동다와 토산차는 이처럼 분명히 구별되지만 요즈음 다인들은 동다와 토산차를 같은 전통차로 인식하고 있으니 안타까울 따름이다. 차문화의 수준이 높아지고, 무엇보다 초의 선사의 다도를 이해하기 위해서는 다인 스스로 수행자의 마음과 자세를 유지해야 함은 물론이거니와 차와 선이 일미一味이고 삼매三昧라는 인식을 가져야 한다. 그런 철학적 사고 없이는 동다가 가진 미덕과 덕성을 쉽게 이해할 수 없을 것이다.

무릇 진정한 다인이라면 인품에서 우러나오는 덕성으로 차문화를 음미할 줄 알아야 한다. 더불어 사람과 사람 사이에 차의 향기, 즉 다향茶香이 자연스럽게 스며들고, 이것이 생활화되어야 비로소 동다의 미덕을 저절로 알 수 있게 된다.

중국 송나라 시인이자 서예가였던 소동파蘇東坡(1037~1101)는 차를 마시면서 다향의 진정한 의미를 모르는 부인과 아이들을 빗대 다음과 같은 다시茶詩를 남긴 것으로 유명하다.

老妻稚子不知愛　노처치자부지애

一半已入薑鹽煎　일반이입강염전

늙은 처 어린아이

차 사랑 알지 못해

한 움큼 생강 소금

끓는 물에 넣었네

처음 차를 마시는 사람들은 차의 맛이 싱겁기 때문에 맹물로 오인하기도 한다. 그래서 소동파가 부인과 아이들이 찻물을 끓일 때 탕수가 싱겁다고 생각해 생강이나 소금을 넣어 간을 맞추는 것을 안타깝게 생각해 지은 시다.

오늘날에도 이와 비슷한 일이 종종 벌어진다. 차맛을 모르는 대다수의 사람들이 차의 빛깔과 향기와 맛, 즉 색향미色香味의 오묘함을 알지 못하고 싱겁다, 떫다, 쓰다고 표현하는데, 이는 소동파의 부인과 아이들이 차를 이해하지 못하는 상황과 조금도 다를 바가 없다.

흔히 찻물은 청결한 수행자의 몸에 비유되고, 차의 향기, 즉 차향은 수행자의 따스한 자비심에 비유된다. 그리고 차맛은 인간이면 누구나 가지고 있는 청정심에 비유되기도 한다.

불가에서는 청정한 수행을 통해 평범한 인간의 심성이 순수하고 향기롭게 변화한다고 믿는다. 이와 마찬가지로 인간은 다도를 통해 스스로의 심성을 맑고 깊게, 나아가 향기롭게 변화시킬 수 있다. 바로 이러한 이유로 초의 선사는 차와 선이 하나라는 다선일미의 경지를 주장하고 있는 것이다.

특히 초의 선사는 차를 통해 대자연의 생명을 이해하고 함께 호흡하는 삶이 진정한 다도라 말하고 있다. 내면에 깨달음의 본성을 지니고 있는 존재라면 그 누구나 찻물과 차향茶香, 그리고 차맛이라는 청정한 기운을 스스로 지니고 있다. 이 때문에 초의는 《동다송》에서 찻물과 같이 몸을 깨끗이 하고, 차향처럼 자비롭고, 차맛처럼 진실하고 변화가 없어야 함을 반복적으로 강조하고 있는 것이다.

동다의 차나무가 역사상 처음 등장한 것은 언제였을까? 《삼국사기三國史記》의 기록에 따르면 신라 흥덕왕 3년(828)에 당나라를 다녀온 사신 김대렴金大廉이 차종자茶種子를 가져와 임금의 명을 받아 지리산 부근에 심었다고 한다.

이것으로 기록상에 나타난 차나무의 최초 재배지가 지리산이라는 것을 알 수 있다. 하지만 이보다 앞서 우리나라의 재래 차종茶種이 남도지방에서 자생해왔고, 특히 사찰 주변에서 찻잎을 따서 법제法製(정해진 방법대로 가공 처리하는 것)하여 마셨다는 기록도 전해지고 있다.

우리나라 차나무에서 찻잎을 따 법제한 차로는 전차煎茶(우려내는 차), 증차蒸茶(찌는 차), 병차餠茶(증압하여 떡 모양으로 만든 차), 연차碾茶(갈아서 만든 차) 등이 있는데 이것을 통칭하여 녹차綠茶라고 한다.

또 차 이름은 산지에 따라 붙이기도 하고 법제하는 사람이 별도로 붙여 전해 내려오는 경우도 있다. 때로는 차나무가 자라는 환경이나 찻잎의 모양을 보고 차 이름을 정하기도 한다.

산지에 따라 붙인 차 이름을 보면 우리나라에는 화개차와 보성차 등이 있고, 중국에는 용정차와 무이차, 그리도 일본에는 우지차 등이 있다. 또한 차나무가 자라는 환경이나 찻잎의 모양에 따라 죽로차, 작설차, 응조차, 맥과차, 설록차 등으로 나누기도 한다.

죽로차竹露茶는 차나무가 절반은 그늘이고 절반은 양지바른 곳인 반음 반양의 대숲에서 이슬을 맞고 자라야 맛이 좋다 하여 붙은 이름이다. 또 찻잎의 크기가 참새의 혓바닥만한 어린잎으로 만들었다 하여 작설차雀舌茶라는 이름이 생겼고, 차의 순이 매의 발톱을 닮아 응조차鷹爪茶라 부르는 차도 있다. 뿐만 아니라 차의 순이 보리의 낱알을 닮아 맥과차麥顆茶라 부르는 차도 있는가 하면, 눈이 아직 덜 녹은 이른 봄에 일찍 만든 차라는 뜻으로 설록차雪綠茶라 불리는 차도 있다. 설록차라는 차명을 보면 금세 추사秋史 김정희金正喜(1786~1856)가 떠오르는데 그 이유는 그의 호가 바로 승설勝雪이기 때문이다. 승설이란 눈 내리는 찬 겨울을 이겨내고 발아한 찻잎을 비유한 말이다.

또한 불가에서는 녹차를 생활화하면 수행을 통해 지혜가 늘어나듯 차를 통해 지혜를 얻는다고 하여 반야차般若茶를 마시기도 한다. 실제로 반야차는 우리나라에서 나는 명차 중 하나로 손꼽히는데, 여기서 반야란 불법을 꿰뚫는 지혜를 말한다.

이밖에도 헤아릴 수 없이 많은 차명이 전해오고 있는데,《동다송》에는 중국에서 전해지는 차명이 많이 인용되고 있다.

동다를 표현하는 많은 차명이 있지만 반야차라는 이름이 시사하는 바와 같이 차는 인간의 정신을 맑게 하고 육체를 편안하게 하여 지혜로움을 드러내는 수행의 한 방법으로 이해하는 것이 옳을 듯하다. 토산차처럼 단순히 건강식품이나 기호식품으로 대하는 것은 동다에 대한 바른 자세도 아니고 예의도 아니라는 의미이다.

그러므로 찻잎을 정성들여 따고 법제하여 마시기까지 일정한 다례茶禮를 갖춰야 함은 물론이거니와 그 내면에도 반드시 종교

적 믿음과 철학적 사고가 녹아 있어야 비로소 동다의 덕성을 헤
아릴 줄 알게 되는 것이다.

　초의는 직접 법제한 차를 마시며 왜 자신이 그토록 동다를 사
랑하는지 그 이유를 다음과 같이 짧은 시로 읊고 있다.

　　古來聖賢俱愛茶　고래성현구애다

　　茶如君子性無邪　다여군자성무사

　　예로부터 성현들이

　　차를 사랑한 까닭은

　　차의 성품이 군자와 같아

　　삿됨이 없기 때문이라

　성현들이 즐겨 차를 마시고 사랑한 이유를 간략히 밝혀놓은
시이다. 이처럼 우리나라에서는 동다가 단순한 기호음료가 아니
라 심신수련의 한 방법으로 귀하게 쓰였음을 알 수 있다.

향기로운 똥다●여
깨달음의 환희●라네

《동 다 송》 본 문 송

| 東茶頌 本文頌 |

하늘이 접지한 아름다운 차나무여!

后皇嘉樹配橘德 후황가수배귤덕

受命不遷生南國 수명불천생남국

密葉闘霰貫冬靑 밀엽투산관동청

素花濯霜發秋榮 소화탁상발추영

후황께서 아름다운 차나무

귤나무 덕성에 배당하였네

타고난 목숨 제자리에 자라서

따뜻한 남쪽에서 성장하네

촘촘한 찻잎은 싸락눈과 싸워

겨우내 푸른 잎이어라

하얀 꽃송이 찬 서리에 씻은 듯

가을을 더욱 풍성하게 하여라

초의는《동다송》첫 장에서 차나무의 탄생이 우연이 아니며 우주의 창조주인 청정법신淸淨法身 비로자나불毘盧遮那佛께서 점지하시어 귤나무의 덕성에 짝지어준 것임을 노래하고 있다.

인간뿐 아니라 수분을 먹고 자라는 차나무도 생물로 성장할 때는 반드시 우주의 섭리에 순응해야 한다. 모든 생명은 본래부터 탄생하고 성장하며, 변화하고 소멸하므로 이것을 생노병사生老病死의 또 다른 표현으로 말하고 있다.

그러므로 차나무가 자연의 순환법칙에 따라 탄생과 성장, 그리고 변화하면서 꽃을 피우고 향기를 토해내는 것이 인위적인 것이 아니라 하나의 생명체로서 자연스러운 일이라는 것이다. 하지만 이러한 생명체도 그 본질적인 영원성은 형상에 있는 것이 아니니 보이지 않는 차향기가 우리의 정신과 함께 본래 청정함을 노래하고 있는 셈이다.

《금강경》사구게四句偈에서는 이렇게 전하고 있다.

一切有爲法 일체유위법

如夢幻泡影 여몽환포영

如露亦如電 여로역여전

應作如是觀 응작여시관

모든 유한한 형상이여

꿈, 환, 물거품, 그림자이어라

이슬 같고 또한 번갯불 같나니

응당 이런 관념을 지을지니라

이 세상 모든 형상은 꿈과 아지랑이, 물거품, 그림자와 같고 이슬과 번갯불과 같은 것이다. 이것을 금강육유金剛六喩라고 하는데 이와 관련된 이야기가 있다.

중국 송나라 시인 소동파는 자신이 사랑하는 부인의 이름을 조운朝雲이라 지어주었다. 그리고 함께 있을 때마다 항상《금강경》사구게를 독송했다. 그런데 그만 부인이 젊은 나이에 먼저 세상을 떠나고 말았다. 그렇게 사랑하던 부인이 요절하자 소동파는 묘비를 세우고 비각의 이름을 육여정六如亭이라 지었다. 바로《금강경》에 나오는 여섯 가지 비유를 죽어서도 잊지 말자는 뜻을 담은 것이다.

이른 아침의 안개처럼 부드럽고 안온한 조운은 이제 떠나고 없다. 하지만 육여정은 지금도 어딘가에 남아서 후세 사람들에게 이 세상의 덧없는 형상을 비유로써 일깨워주고 있는지도 모른다.

차나무도 예외일 수 없다. 우주는 무한하다. 그러나 우주를 바탕으로 생명을 유지하는 인간은 이러한 육유六喩의 법칙을 깨달아야 집착을 떨칠 수 있게 된다. 그런 이유로 초의 선사는 오로지 차나무의 덕성을 본받아야만 그것이 가능하다고 한 것이다.

차나무는 본래부터 타고난 품성이 불변지성不變之性이기 때문에 아름다운 나무, 즉 가수嘉樹라고 표현했다. 또한 차나무는 한 곳에 머물러 성장하면서 겨울의 찬 서리를 맞고도 끈질긴 인내력으로 푸른 잎줄기 사이로 맑고 깨끗한 꽃을 피워 향기를 발하지 않는가. 이 때문에 차나무를 특별히 가수라고 예찬한 것이다.

초의 선사가 조락凋落의 늦가을에 차꽃을 보고 향기를 맡을 수 없었다면 쓸쓸한 겨울이 더욱 춥고 매서워 마음조차 움츠러들었을 것이다.

다인은 자연의 섭리에 순응할 줄 아는 차나무의 깨끗함과 향기로움을 배워야 한다. 차나무의 덕성과 지혜를 눈여겨보아야 한다. 예로부터 차나무는 변절하지 않는 절개를 지녔다 하여 혼례를 올릴 때도 널리 쓰였다. 부부 간의 믿음의 표시로 차를 나누어 마신 풍속이 바로 그것이다.

남명南冥 조식曹植(1501~1572)은 차나무의 절개를 몸소 실천한 분으로 유명하다. 그는 벼슬길에도 나아가지 않고 일생 동안 지리산 부근에서 후학을 양성하며 노후를 보냈고 그곳에서 생을 마쳤다.

조식이 읊은 절개의 시 한 편을 감상해보자.

請看千石鍾 청간천석종

非大扣無聲 비대구무성

萬古天王峯 만고천왕봉

天鳴不鳴峰 천명불명봉

청컨대 천근 석종을 보게나

크게 두드리지 않으면 소리 없네

아아, 만고 천왕봉이여

하늘은 울어도 산봉우리 울지 않네

조식은 선조가 몇 번이나 벼슬을 내렸으나 모두 사양했다. 그리고 벼슬길에 나아가지 않는 이유를 이 한 편의 시로 읊었다. 자신을 지리산 천왕봉에 비유하여 어느 누가 타협해도 결코 응하지 않겠다는 결연한 의지를 표현한 것이다. 그의 이러한 절개가 변하지 않는 것은 차나무의 품성에서 배워온 지혜가 아니었을까 생각해본다.

차나무가 찬 서리를 맞고도 오히려 무성히 자라 깨끗한 꽃을 피우고 맑은 향기를 발하는 것은 어찌 보면 인간의 삶에 경종을 울리는 듯하다. 고해의 바다를 건너 무욕의 땅, 깨달음의 정토에 도달하라는 차나무의 간절한 훈계가 아닌가 하는 것이다.

우리의 삶이 아무리 진부하고 팍팍할지라도 한 잔의 차를 앞에 두고 고요히 음미하는 시간을 가져야 한다. 추위에도 절대 굴하지 않는 차나무의 정신과 차꽃의 향기를 잊지 말고 늘 곁에 두려 노력해야 한다. 그런 찻자리를 만들어 뜻이 닿는 다인들과 어우러진다면 그 자리가 바로 법희法喜(진리의 가르침을 듣고 기쁨을 느끼는 것)와 선열禪悅(선정의 기쁨으로 지혜를 얻는 것)의 자리가 아니고 무엇이겠는가.

 • **후황**后皇 토후천황土后天皇의 약칭으로 우주를 창조한 조물주이니 천지신명天地神明을 일컫는 말이다.

중국 한漢나라 〈교사가郊祀歌〉에 이르기를 다음과 같이 말했다.

后皇嘉壇立　후황가단립

玄黃服物發　현황복물발

후황이 가단(우주)을 세웠으니

하늘과 땅 복물(복용 성장하는 물체)이 발하였네

태초에 조물주가 우주를 만들어 한 덩어리에서 하늘과 땅이 나누어
지고 호흡하는 생명체가 발생했다는 말이다.

불교에서는 조물주를 청정법신 비로자나불이라고 하는데 번역하면
광명변조光明遍照라는 뜻이다. 이것은 우주의 본체는 본래부터 불구부
정不垢不淨, 즉 더럽지도 않고 깨끗하지도 않고, 부증불감不增不減, 즉
더하지도 않고 덜하지도 않으므로 청정한 법계정신法界淨身이라는 말
이다.

또한 비로자나불이 창조한 세계를 화엄세계華嚴世界라고도 하며 본
래부터 고요하다 하여 적멸세계寂滅世界라고도 한다.

하늘과 땅이 나누어지면서 그 사이에 존재하는 생명체는 원래 광명
변조하는 깨달음의 지혜를 가지고 있었다. 하지만 아주 먼 과거부터
진리를 헤아려보지 못하는 업으로 인해 미혹迷惑과 분별망상分別妄想이
생겨 깨닫지 못한 중생으로 이름 붙여진 것이다. 그러므로 깨달음의

궁극적 목적은 곧 우주의 섭리를 이해하고 순응하는 삶을 말하는 것이다.

《금강경오가해金剛經五家解》에서 함허涵虛(1376~1433, 법명은 득통得通. 무학대사의 수제자로 불교 부흥에 힘씀) 스님은 태초에 우주는 출생삼재出生三才(하늘과 땅과 사람이 생겨남)라고 하여 천지인天地人을 말하기도 하며, 하늘과 땅 사이에 뭇 생명이 저마다 인연업보因緣業報에 따라 윤회하는 것이라고도 했다.

破二成三從此出　파이성삼종차출
是以一生參學畢　시이일생참학필

깨어진 둘과 이루어진 셋이여
이로부터 (하나의 우주) 나왔네
이러한 이치 깨달으면
일생공부 마쳤다 하리라

하늘과 땅이 나누어지고 그 사이에 존재하는 뭇 생명체를 평등한 이치로 깨닫게 되면 이런 사람이야말로 일생의 공부를 참구參究해 마쳤다고 할 수 있다.

따라서 우주는 인간의 마음이 돌아갈 곳이므로 부처와 중생의 차별이 없으며 본래 둘이 아닌 것이다. 초의 선사는 차와 선이 둘이 아님을 깨닫는 것은 우주와 나 자신이 둘이 아님을 깨닫는 것과 같다고 했다. 즉 이것이 일체감을 갖는 수행의 한 방법이라는 말이다.

• 수명受命 조물주로부터 받은 생명이라는 뜻이니, 비단 차수茶樹(차나무)라고 하는 무정물無情物뿐만 아니라 살아 있는 모든 생명체를 포함하는 말이다. 그러나 여기에서는 오로지 차나무를 일컫는 말로 쓰였다.

인간은 우주와 대자연의 무한한 포용력에 감사하며 봄가을로 다례재茶禮齋를 올렸는데, 이를 종묘宗廟와 사직社稷으로 나눌 수 있다. 임금이 생활하는 주궁主宮을 중심으로 왼쪽에는 조상의 음덕에 감사하는 뜻에서 종묘에 신위神位를 모셔놓고 다례를 올렸다. 또한 오른쪽에는 토지가 오곡을 풍요롭게 자라게 한다는 뜻에서 사직단을 차려놓고 다례를 올렸다. 이것은 인간이 살아가는 우주 공간이 그만큼 소중하다는 뜻이고, 모든 생명체가 궁극적으로 돌아가야 할 곳이 곧 자연임을 뜻하는 것이기도 하다.

인간의 혼은 몸속에 영원히 붙어 있을 수 없다. 육신은 유한하고 혼은 무한하기 때문이다. 혼은 유한한 육체 속에 머물다 떠나기 때문에 생과 사가 본래 없다는 것이다. 혼은 생사가 없으나 유한한 육체는 생주이멸生住異滅(모든 사물이 생기고 머물고 변하고 소멸함)의 순환법칙에 따라 윤회한다.

차나무도 생기고 머물고 변하다가 소멸하는 순환법칙을 벗어날 수 없다. 그러므로 초의 선사는 차나무의 생명이 인위적으로 탄생하거나 연장되는 것이 아님을 강조하기 위해 수명受命이라고 말한 것이다.

오늘날 인간은 생명 연장을 위해 얼마나 많은 연구를 거듭하고 있는가. 하지만 그 많은 의학적 연구를 통해 방법을 동원해서 생명을 연장해도 결국 생주이멸의 순환법칙은 벗어날 수 없다.

특히 인간에게 있어 혼백魂魄이 중요하다고 한다. 여기서 혼魂은 우주로부터 부여받은 양기陽氣를 말하며 정신적 활동을 의미한다. 백魄이란 땅으로부터 받은 유기有機로 육체의 생명을 일정 기간 유지시켜주는 역할을 한다.

따라서 혼은 하늘로 날아가고 백은 산화散華한다는 뜻에서 혼비백산魂飛魄散이란 말이 생긴 것이다. 즉 죽음은 종말이 아니라 또 다른 곳으로 날아가고 흩어진다는 뜻이다.

다인은 유한한 육체의 아름다움에 끌려서는 안 된다. 그보다는 언제나 변하지 않는 아름다운 정신을 가지려 노력해야 한다. 차나무가 굽히지 않는 정절과 겨울날의 찬 서리도 이겨내는 인내력으로 신묘한 향기를 발하듯이 다인이라면 언제나 변하지 않는 정절과 풍요로운 향기를 지녀야 한다는 것을 말하고 있다.

• **귤덕**橘德 귤나무의 덕성이란 뜻으로 곧 귤나무가 자라나는 품성을 뜻하는 말이다. 귤나무는 꽃향기와 꽃술이 차나무와 비슷하고, 차가운 북쪽에서 자라면 탱자가 되고 따스한 남쪽에서 자라면 귤나무가 된다. 차나무도 따스한 남쪽에서 자라기 때문에 귤나무에 비유한 것이다.

• **불천**不遷 옮기지 못한다는 뜻이다. 차나무는 곧은뿌리라서 옮겨 심으면 살지 못한다. 또한 토질이 척박하면서도 반은 음지, 반은 양지인 기후나 이슬을 먹고 자라는 환경에 민감하다. 이러한 이유로 차나무는 일편단심을 지닌 정절에 비유하기도 한다.

• **밀엽**密葉 찻잎은 고온다습한 곳에서 잘 자라기 때문에 잎이 무성하고 빽빽하게 우거진 것을 말한다.

• **투산**鬪霰 싸락눈을 이긴다는 뜻이다. 차나무는 겨울 싸락눈이 내려도 그 잎이 말라 죽지 않고 푸른 윤기를 머금은 채 오히려 새싹을 틔운다. 또한 겨울 찬 서리와 냉기를 이겨내는 힘으로 향기를 발하므로 추운 겨울을 나면 차향은 더욱 진해진다.

• 소화素花 　깨끗한 흰색의 차꽃을 말한다. 가을이 되면 모든 꽃들이 찬 서리에 마르지만 오히려 차꽃은 그때부터 꽃봉오리가 부풀어올라 동짓달 상순경에 하얀 꽃봉오리를 터뜨린다.

• 탁상濯霜 　찬 서리에 씻은 듯하다는 뜻이다. 차나무의 꽃술이 하얗게 피는 것은 찬 이슬의 정기를 머금은 것이라 더욱 깨끗하다는 의미이다.

• 추영秋榮 　가을의 풍성함은 모든 화초가 결실을 맺기 때문이다. 그러나 차나무는 가을이 끝나갈 무렵부터 꽃봉오리를 터뜨리기 때문에 진정한 풍요로움은 차나무를 두고 하는 말이라는 뜻이다. 왜냐하면 조락凋落 이후의 풍성함은 차나무에서만 느낄 수 있기 때문이다.

신선 같은 살결 깨끗도 하여라

姑射仙子粉肌潔 고야선자분기결

閻浮檀金芳心結 염부단금방심결

沆瀣漱淸碧玉條 항해수청벽옥조

朝霞含潤翠禽舌 조하함윤취금설

고야선자의 분 바른 듯

깨끗한 피부 살결이여

염부세계 단금처럼

아름다운 꽃술 맺었네

이슬로 씻어낸 듯

벽옥 같은 꽃가지여

아침안개 머금은

취금설의 찻잎이여

앞의 〈하늘이 점지한 아름다운 차나무여!〉에서는 차나무의 덕성과 차나무의 절개를 노래했다면 이번 송에서는 찻잎과 꽃술, 가지 등에 대해 노래하고 있다. 이슬을 머금어 윤기 나는 찻잎은 벽옥같이 깨끗하고, 처음 새싹이 발아한 모양은 물총새의 혀처럼 작다고 표현하고 있다. 또 찻잎에서 피는 꽃술은 황금색이고 이른 아침 봄 안개와 여름의 찬 이슬을 머금고 자라 결실을 맺는다고 노래했다.

또 찻잎과 차꽃이 결실하려면 자연의 기후 변화에 순응하고 자연 속에서 토질의 자양분을 먹고 자라야 하는데, 그렇게 자란 차나무 잎은 그 옛날 고야산에서 살던 신선의 고운 피부와 같다고 말하고 있다.

일반적으로 차나무는 따뜻하고 습기가 많은 곳에서 자라지만 토질과 기후에 따라서 쓴맛이 강한 것도 있고 떫은 것도 있으며 오히려 뒷맛이 달콤한 것도 있다. 차나무가 가장 잘 자라고 찻잎이 윤기 나게 성장하려면 반음반양半陰半陽의 터에 흙과 자갈이 섞여 있거나 배수가 잘되어야 한다. 그래서 산죽山竹이 무성한 곳에서 댓잎의 이슬을 먹고 자란 차를 상품上品으로 친다.

이슬 맞은 차의 단맛과 정신을 맑히는 차향에 대해 노래한 호고胡嶠의 시가 있다.

沾芽舊如餘甘氏　첨아구여여감씨

破睡當封不夜候　파수당봉불야후

이슬 젖은 차맛 오래도록 음미하니

단맛이 남는 여감씨와 같고

잠 깨우는 차 향기 마땅히

불야후에 봉해야 한다네

차맛을 보고 난 후 느낌을 읊은 시다. 좋은 차맛은 언제나 뒷맛이 오래도록 입 안에 남아 있으므로 '여감씨餘甘氏'라는 존칭어를 붙여주었다. 또한 번민에 싸여 정신이 혼미할 때 차를 마시면 정신이 맑게 깨어나므로 차를 '불야후不夜候'에 봉한다는 재미있는 표현을 썼다.

초의 선사는 차를 구별할 때 세 가지 요소를 가장 중요시했다. 진색眞色과 진향眞香, 그리고 진미眞味이다. 그러므로 본문송에서 노래한 것처럼 벽옥 같은 꽃가지에 맑은 윤기가 흐르는 찻잎이어야 생명감을 잃지 않고 세 가지 요소를 모두 갖출 수 있다는 것이다.

시선詩仙 이백李白(701~762)은 옥천사에 주석하고 있던 진眞 스님을 찾아가 차맛을 감상할 기회를 자주 가졌다. 그는 목탁소리, 염불소리, 범종소리 들리는 산사 주변에서 자생하는 찻잎을 따서 법제해 마실 때 비로소 진색, 진향, 진미를 가장 잘 느낄 수 있다고 했다.

여기서 옛 사람의 시 한 편을 다시 한 번 감상해보자.

莫道醉人唯美酒　막도취인유미주

茶香入心亦醉人　다향입심역취인

사람을 취하게 하는 좋은 술

있다고 이르지 마라

차향이 마음속에 들어오니

또한 사람을 취하게 하는 것을

인간의 삶에서 맛이라는 것이 없다면 인생은 참으로 건조하고 밋밋해질 것이다. 그런데 맛이라는 것은 단지 음식에만 있는 것은 아니다. 차 한 잔에도 오히려 그윽하고 은은한 맛이 있다. 차를 한 잔 달여놓고 맛뿐 아니라 그 빛깔과 향기까지 누릴 수 있으니 이것이 바로 다인이 누리는 최상의 행복이다. 술에 취해 정신이 혼미해지는 것이 아니라 차색과 차향에 취해 오히려 정신이 맑아지는 것이니 이 어찌 최상의 행복이 아니겠는가.

다인은 언제나 자기 자신을 되돌아볼 때 차색처럼 몸을 맑게 하고 차향처럼 덕성을 쌓고 차맛처럼 나눔을 생활화하는 자세가 필요하다. 그러므로 다인은 겉의 화려함을 추구하기보다는 자신의 내면을 살피는 차향처럼 은은하고 깊이 있게 살고자 노력해야 한다.

물질적 풍요를 추구하는 사람은 절대 지혜를 얻을 수 없다. 지혜는 맑고 순수함에서 자연스럽게 꽃피는 것이기 때문이다.

불교에서는 향을 부처님께 올리는 최고의 공양물에 비유하기도 한다. 아침저녁으로 불단에 제일 먼저 올리는 것에 오분향五分香이라는 것이 있다. 오분향은 다섯 가지 향을 부처님께 올리는 것을 이르는데, 간략히 소개하면 다음과 같다.

첫째, 옷과 몸을 깨끗이 하고 근검한 자세를 갖추는 것이 부처님께 올리는 계향戒香이다.

둘째, 어지러운 마음을 한곳에 모아 변하지 않는 마음을 갖겠다고 다짐하는 것이 정향定香이다.

셋째, 위의 두 가지 향을 올리는 자세가 갖춰지면 그 속에서 지혜가 솟아나기 시작하는데 이것을 혜향慧香이라고 한다.

넷째, 한쪽으로 치우치지 않고 관습에 얽매이지 않으면서 외경外境에 끌려가지 않는 중도적中道的 자세를 갖추게 되면 이것을 해탈향解脫香이라고 한다.

다섯째, 불교 최고의 가르침은 깨달음인데 깨달음에 만족하는 것이 아니라 그것을 중생에게 회향하겠다는 원력이 있어야 한다. 해탈과 함께 지견知見을 갖추어 자리이타自利利他의 베푸는 정신을 가지게 되면 이를 해탈지견향解脫知見香이라고 한다.

다인이 차를 통해 얻고자 하는 궁극적 목표 역시 오분향과 크게 다르지 않다. 자신의 마음과 몸가짐을 살펴 지혜를 얻고, 나아가 어느 한쪽으로 치우치지 않는 깨달음에 도달한 후 그것을 뭇 사람들과 나누는 마음이야말로 다인의 궁극적 목표라 할 수 있을 것이다. 이런 마음으로 차를 대해야 차의 색과 향, 맛을 제대로 이해할 수 있고, 이것을 모든 생명과 함께 나누었을 때 거기에서 삶의 환희가 일어나게 된다. 이러한 삶이 생활화되었을 때 비로소 초의 선사가 말하는 다선일미의 경계를 구현할 수 있게 된다.

아침 이슬을 머금어 신선의 피부처럼 깨끗한 찻잎, 그리고 금빛 같은 꽃술의 향기를 느껴보자. 차 한 잔을 앞에 두고 고요히 마음을 가라앉히면 차의 색과 향과 맛이 온몸으로 스민다. 이러한 차생활을 누릴 수 있다는 건 참으로 고맙고 행복한 일이다.

소박한 차 한 잔 속에는 소위 품위니 권위니 물욕이니 하는 것들이 들어설 자리가 없다. 오히려 차는 이런 것들을 버리고 비우는 데 많은 도움을 준다. 이런 까닭에 차생활이 마음을 다스리는 수행법으로 줄곧 응용되고 있는 것이다.

추사는 제주도 유배지까지 먼 길을 찾아주었을 뿐 아니라 해마다 차를 보내준 초의 선사에게 감사의 뜻으로 '명선茗禪'이라는 두 글자를 써서 선물한 적이 있다. 여기서 명茗은 차의 싹을 의미하므로, 명선이란 차가 곧 선이라는 뜻이다. 음모와 술수로 인해 권력에서 밀려나 외로운 섬에서 힘들게 생활하는 추사에게 초의 선사는 늘 차를 권했다. 당시 추사에게 차는 위안과 인내의 수준을 넘어 수행과 선으로 이어졌을 것이다.

고난의 유배생활이 수행과 선으로 승화된 셈이니 다인의 삶으로 이만큼 귀감이 되는 일도 드물지 않을까. 명선! 두 글자를 다시 새겨본다. 다도삼매茶道三昧의 경지에서 평생 우정을 나눈 초의 선사와 추사 김정희. 이들의 삶이 지금까지 계속 회자되는 이유는 다인으로서 항상 차와 선이 일치되는 궁극의 경지에서 노닐었기 때문일 것이다.

茶樹如瓜蘆 葉如梔子 花如白薔薇 心黃如金 當秋開花 淸香

隱然云

다수여과로 엽여치자 화여백장미 심황여금 당추개화 청향은연운

차나무는 과로瓜蘆와 같다. 《동군록桐君錄》에 과로의 잎은 찻잎과 같

고 달여서 마시는데 맛은 쓰다고 했다.

잎은 치자나무 잎과 같고 꽃은 백장미와 비슷하고 꽃심은 황색인데

마치 금빛과 같다. 가을이 되면 꽃이 피기 시작하는데 맑은 차꽃 향기

는 은연하다.

李白云 荊州玉泉寺 靑溪諸山 有茗草羅生 枝葉如碧玉 玉泉眞公常

採飮

이백운 형주옥천사 청계제산 유명초라생 지엽여벽옥 옥천진공상채음

당나라 시인 이백이 이르기를 형주 땅 옥천사에는 푸른 산과 계곡이

있는데 모든 산에는 차나무가 자생하고 있다고 한다. 옥천사의 진眞 스

님은 언제나 찻잎을 따서 법제해 마셨다고 한다.

─────────

이백은 지금의 사천성四川省 사람으로 창명彰明에서 출생했고

자는 태백太白, 호는 청련거사青蓮居士이다. 같은 시대에 활동했던 두보杜甫를 일컬어 시성詩聖이라 하는데 이백은 시선詩仙이라 불렸다.

시성詩聖이란 실제 사물을 보고 시어詩語를 통해 느낀 감정을 즉흥적으로 읊어낼 수 있는 탁월한 표현력을 가진 시인을 말한다. 다시 말해서 언어의 극치를 아름다운 구절로 엮어 사물을 예찬하고 읊는다는 말이다.

이에 비해 시선詩仙은 창조적인 시어를 통해 자연의 정감을 표현해내기도 하지만 때로는 일정한 형식에 치우치지 않고 높은 이상을 노래할 수 있는 자유로운 시인을 말한다. 특히 이백은 보통 사람들과 달리 기행을 일삼기도 했는데, 이는 그대로 뛰어난 시로 표현되어 극찬을 받기도 했다. 또한 그는 자연에서 노니는 것을 좋아하고 달을 사랑해 〈월하독작月下獨酌〉이란 불후의 명시를 남기기도 했다.

• 고야선자姑射仙子 '고야산의 신선'이라는 뜻이다.
《장자莊子》〈소요유〉편에 이러한 글이 있다.

邈姑有仙人　막고유선인

肌膚若氷雪　기부약빙설

綽約若處子　작약약처자

막고야산에 신선이 있어

피부 살결이 빙설 같고

얌전한 자태는 처녀와 같네

이것은 찻잎의 윤기 나는 푸른 잎이 마치 깨끗한 피부를 지닌 신선
의 살결 같다는 뜻이다. 또한 차나무의 모습이 때묻지 않은 처녀의 얌
전한 자태와 같음을 노래하고 있다.

* **염부단금**閻浮檀金　불교에서 세계를 말할 때 우주의 중심을 수미산須彌山
이라고 하고 동쪽 세계를 승신주勝身洲, 서쪽 세계를 우화주牛貨洲, 남쪽
세계를 염부주閻浮洲, 북쪽 세계를 구로주俱盧洲라고 한다. 우리가 살고
있는 세계는 남쪽에 속하므로 남염부주 또는 남섬부주라고 한다.

　또 단금檀金이란 바다와 강가에 사금砂金이 있다는 뜻인데 고려 대장
경 속에 용수龍樹 보살이 저술한 《대지도론大智度論》에 이런 글이 있다.

林中有河 임중유하

底有砂金 저유사금

숲 속에 강이 있고

강바닥에 사금이 있네

즉 차나무에 차꽃이 피면 마치 꽃술이 사금처럼 빛나므로 그것을 가리키는 말이다.

추사는 제주도에서 귀양생활을 할 때 수선화의 향기 덕분에 외로움을 달랠 수 있었다고 말한 적이 있다. 또 겨울에 피어 향기를 발하는 수선화를 보고 금잔옥대金盞玉臺라고 표현했는데, 이는 수선화 꽃을 옥대로 보고 꽃술을 금잔이라 묘사한 것이다.

그러므로 초의 선사가 차꽃을 단금이라고 표현한 것은 차의 꽃술에서 변하지 않는 황금빛을 보고 이것을 칭송한 것이다.

• 항해沆瀣 이슬을 말한다.

휘영청 둥근 달이 뜬 한밤중에 서늘하게 맺힌 이슬은 신선들이 먹는 젖줄이라고 한다. 그래서 신선들이 깨끗한 피부를 간직할 수 있다는 것이다. 찻잎도 이런 영롱한 기운으로 맺힌 이슬을 먹고 자라기 때문에 신선의 피부처럼 잎이 깨끗하다는 의미를 담고 있다.

신선 설화집인《열선전列仙傳》에 보면 능양자陵陽子는 봄이면 아침이슬〔朝霞〕을 먹고 여름이면 항해沆瀣, 즉 밤이슬을 먹었다는 기록이 있다.

• **취금설翠禽舌** 비취빛처럼 화려한 새(물총새)의 혀를 말한다.

이른 봄에 차나무에서 찻잎이 발아할 때 뾰족하게 솟아나는 것이 새의 혓바닥과 같다는 것을 의미하니, 곡우穀雨 전에 따는 첫물차를 일컫는 말이다. 또한 참새 혀와 같다고 해서 작설차라고도 한다.

하늘신선, 사람, 귀신 함께 사랑하네

天仙人鬼俱愛重　천선인귀구애중

知爾爲物誠奇絶　지이위물성기절

炎帝曾嘗載食經　염제증상재식경

醍醐甘露舊傳名　제호감로구전명

하늘의 신선, 사람, 귀신도

함께 애중히 여기나니

너의 물건 됨됨이

진실로 기절한 줄 알겠네

염제께서 일찍이 차맛을

《식경》에 올렸으니

제호차와 감로차라

오래전 전해온 이름이라네

우리가 살아가는 세상에는 아홉 종류의 중생, 즉 구류중
생九類衆生이 있다고 한다.

첫째로는 인간처럼 어미 몸에서 어느 정도 자라다가 태어나는
태생胎生이 있고, 둘째로는 조류나 파충류처럼 알로 태어나는 난
생卵生이 있다. 셋째로는 곰팡이나 구더기처럼 습기로 인해 태어
나는 습생濕生이 있고, 넷째로는 애벌레가 변화하여 나비가 되듯
곤충이 변태하여 태어나는 화생化生이 있다. 이 네 가지를 일컬
어 사생四生이라고 한다.

다섯째로는 형체가 있는 유색종有色種이 있고, 여섯째로는 형
체가 없는 무색종無色種이 있다. 또 일곱째로는 상념이 있는 유
상有想이 있고, 여덟째로는 상념이 없는 무상無想이 있다. 마지
막 아홉째로는 상념이 있는 것도 아니고 없는 것도 아닌 비유상
비무상非有想非無想이 있다.

이와 같은 구류중생은 일견 비루해 보이지만 저마다 깨달음의
씨앗을 가지고 있다. 그래서 그들 안에 여래가 숨어 있다는 뜻으
로 여래장如來藏이라 하기도 한다. 다시 말해 깨달으면 부처가
되고 깨닫지 못하면 중생에 머문다는 것이다.

초의 선사는 세 번째 송인 〈하늘신선, 사람, 귀신 함께 사랑하
네〉에서 차맛을 칭송하기 위해 하늘의 신선과 사람, 그리고 귀

신까지 끌어들이고 있다. 이는 모든 존재가 한 단계 더 높이 성숙하기 위해서는 반드시 차의 덕성이 자양분으로 작용해야 함을 강조하는 것이다. 본래 여래의 성품을 지닌 구류중생도 차의 덕성을 알면 깨달음에 도움이 된다는 걸 에둘러 말하고 있다.

부처님께 올리는 것 가운데 차는 으뜸으로 치는 공양물이다. 이 때문에 불교 행사에서 헌다 의식은 매우 중요하다. 사찰에서는 늘 불전에 차나 물을 올리며 다게茶偈를 독송하기도 한다.

여기서 부처님께 올리는 다게를 감상해보자.

我今淸淨水 아금청정수

變爲甘露茶 변위감로다

奉獻三寶前 봉헌삼보전

願垂哀納受 원수애납수

제가 이제 깨끗한 물 길어와

그 물이 변하여 감로차가 되어

받들어 삼보전에 올리나니

원컨대 어여삐 여겨 받아주소서

다게란 한 잔의 정화수가 지극정성으로 한 잔의 감로차로 변하여 그것을 부처님께 올리오니 그 마음을 헤아려 받아주실 것을 애원하는 기도인 셈이다.

초의 선사는 차나무 잎과 향기 그리고 맛이 모두 감로라 노래하고 있다. 기이하고 절묘한 차의 품성이 곧 모든 중생의 바람이며 반드시 이루어야 할 깨달음의 한 지평으로 이해하고 있는 것이다.

따라서 다인은 차를 통해 늘 심성을 맑게 유지해야 한다. 그리하면 심성이 불성이 되고 광명변조의 비로자나불이 되어 삶의 공간을 언제나 아름다운 향기로 가득 채울 수 있다.

차의 절묘한 맛을 여느 음식이나 약초와 비교할 수 없다. 중생이 갈구하는 참된 지혜를 액체로 만들어 잔에 담는다면 아마도 그것의 이름이 차가 될 것이다. 초의 선사는 이러한 차의 맛과 향기, 생동하는 기운 등을 절제된 시어로 노래하고 있다.

사실 지혜로운 삶이란 그리 대단한 게 아니다. 뭇 사람들과 인연을 나누고 서로 위하며 은은한 맛을 나누는 것이 바로 지혜로운 삶이다. 인연 맺은 모든 사람들과 찻자리를 만들어 맛을 나누고 향기를 나누면 그 안에서 저절로 지혜로운 슬기가 샘솟고 더불어 행복해질 수 있는 것이다.

예로부터 술과 차를 비유한 망우군忘憂君과 척번자滌煩子라는 말이 전해지고 있다.

술에 취하면 잠시나마 삶의 고통과 근심을 잊게 된다. 이 때문에 술에 인격을 담아 망우군이라 부른 것이다. 하지만 술이 깨면 다시 근심이 시작될 터이니 임시방편에 불과한 셈이다.

이에 반해 차를 척번자라 한 것은 차에 번민을 씻어내는 효과가 있다는 의미이다. 번민을 씻고 새롭게 맑은 정신을 가다듬는 데는 차가 으뜸이라는 뜻으로 역시 차에 인격을 담아 척번자라 부른 것이다.

망우군을 가까이 할 것인가, 척번자를 가까이 할 것인가? 무릇 다인이라면 망우군을 통해 잠시 근심을 잊고자 할 것이 아니라 차를 통해 번민을 씻어내 세상을 맑히는 데 조금이나마 보탬이 되어야 할 것이다.

 炎帝食經云 茶茗久服 人有力悅志 王子尙 詣雲齊道人 于八公山 道人設茶茗 子尙味之曰 此甘露也

염제식경운 다명구복 인유력광지 왕자상 예운제도인 우팔공산
도인설다명 자상미지왈 차감로야

《염제》〈식경〉에 이르기를 차를 오래도록 복용하게 되면 힘이 솟고 의지가 용맹하게 된다고 했다. 중국 송나라 때 왕자상王子尙이라는 사람은 차를 사랑하여 운제도인雲齊道人을 찾아 팔공산으로 갔는데 도인이 차에 대해 설명하고 차를 베풀어주었다. 왕자상이 차맛을 보더니 "이것이야말로 감로라고 할 수 있습니다."라고 했다.

팔공산八公山은 중국 안휘성安徽省 봉대현에 있다. 《회남자淮南子》의 저자인 유안劉安이 천하의 뛰어난 여덟 명의 준걸俊傑들을 불러모아 놀았다는 데서 붙여진 이름이다.

송나라 시인 나대경羅大經의 다시茶詩 한 편을 감상한다.

松風檜雨到來初　송풍회우도래초

急引銅瓶離竹爐　급인동병이죽로

待得聲聞俱寂後　대득성문구적후

一甌春雪勝醍醐　일구춘설승제호

솔바람 회나무에 떨어지는 빗소리

처음 들려오면

급히 동병을 잡아들고

죽로로 옮겨 오네

찻물 끓는 소리 기다려

함께 고요해지면

한 잔 춘설차

제호보다 수승殊勝하네

차를 좋아하는 사람 중에 나대경의 다시를 외우지 않는 사람이 없을 정도로 그의 시는 보편화되어 있다. 그런데 여기 나오는 시 속에 죽로에 대한 해석은 저마다 제각각이다.

첫째는 화로의 뜨거움을 방지하기 위해 대나무로 화로 겉을 감싸놓은 것으로 해석하는 경우이다. 둘째는 찻물이 완전히 끓고 난 후 완숙시키기 위한 받침대로 해석하는 것이다.

이러한 해석들이 있으나 죽로의 정확한 실물에 대해 전해내려오는 바가 없어 여전히 해석에 어려움을 겪고 있다.

근세 우리나라에서 《동다송》을 처음 번역하신 효당 선생은 둘째 해석을 따르고 있다. 즉 찻물을 식히는 받침대를 죽로로 본 것이다. 그리고 죽로 앞에 붙은 '떠날 리離' 자는 '옮길 이移' 자로 해석하고 있다.

하지만 찻물을 끓이는 죽로든, 찻물을 식히는 죽로든 분명한 실체가 없어 의견만 분분할 뿐이다.

그래서 필자는 위에서 언급한 두 가지 해석에 따르지 않고 다른 해석을 생각해보았다. 즉 죽로를 다인의 생활공간인 다실茶室로 보는 것이다. 죽로를 다실로 보는 이유는 추사가 초의 선사에게 써준 현액 때문이다. 추사는 '죽로지실竹爐之室 일로향실一爐香室'이란 현액을 써서 초의 선사에게 주었다.

예로부터 군자들이 생활하는 거실 앞뒤에는 대나무를 심어두기도 했고 또 거실에는 반드시 찻물을 달이는 화로가 놓여 있었다. 뿐만 아니라 다인의 거실에서는 향을 피워 몸과 마음을 정화하는 것이 일반화되어 있었다. 게다가 대나무는 군자의 변하지 않는 정절을 상징하기도 한다.

이외에도 스님들이 머무는 공간에는 흔히 '다로경권茶爐經卷'이란 글씨가 걸려 있다. 이는 항상 찻물을 달이는 화로와 경권을 가까이 두라는 의미이다. 따라서 죽로는 생활공간이며 수행공간인 다실로 보아야 문맥이 이해가 된다.

지금도 차를 사랑하는 사람의 거실에는 흔히 다구茶具와 경권經卷, 화로火爐, 난석蘭石, 죽분竹盆 등이 있다. 대체로 소박한 물건들이다. 맑은 차 한잔을 마시는 장소에는 보석 장식보다 이런 소박하고 순수한 물건들이 어울린다. 차를 마시는 일은 마음을 가라앉히는 일이며 마음을 닦는 일과 다르지 않기 때문이다.

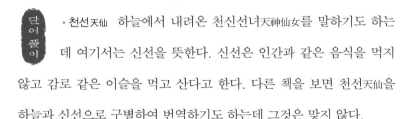 • 천선天仙 하늘에서 내려온 천신선녀天神仙女를 말하기도 하는
데 여기서는 신선을 뜻한다. 신선은 인간과 같은 음식을 먹지
않고 감로 같은 이슬을 먹고 산다고 한다. 다른 책을 보면 천선天仙을
하늘과 신선으로 구별하여 번역하기도 하는데 그것은 맞지 않다.

• 인귀人鬼 사람과 귀신을 말한다. 사람을 포함해 모든 움직이는 생명
체를 유형有形 중생이라 하고, 형상은 없으나 영식靈識이 있는 것을 무
형無形 중생이라 하는데 귀신도 이런 부류에 속한다.

귀신의 종류도 다양하다. 인간에게 도움을 주는 선신善神을 길신吉神
이라 하고, 인간을 따라다니며 괴로움을 주는 귀신을 악신惡神이라 한
다. 악신은 또 악객惡客, 원결신怨結神이라고도 한다. 이밖에도 길흉吉凶
에 따라 나타나는 무수한 귀신들이 있다.

이것은 윤회설에 근거하여 인간과 동물, 귀신 등 많은 중생의 이름
을 저마다 다르게 부르는 것이다. 하지만 어떤 중생이든 그 자리에 고
정되어 있지 않고 업에 따라 계속 윤회하므로 얼마든지 다른 존재로
바뀔 수도 있다. 그러므로 그 안에는 모든 중생이 본래 불성을 가지고

있다는 만유불성萬有佛性의 사상이 깔려 있는 셈이다.

• **위물爲物**　여기에서 물物은 물건, 혹은 형화形化된 모습이니 차나무를 가리키는 말이다.

• **기절奇絶**　기이하고 절묘하다는 형용사로 차나무를 예찬한 것이다.

차나무를 사랑하고 귀중히 여기는 것은 인간뿐 아니라 예로부터 하늘의 신선과 귀신까지도 기이하고 절묘하다 할 만큼 찬사를 아끼지 않았다는 뜻이다.

• **염제炎帝**　중국 고대 전설 속에 나오는 토지를 주관한 신농씨神農氏를 말한다. 그런데 염제가 지었다는《본초경本草經》은 전해지고 있지만 《식경食經》은 존재하지 않는다. 그러므로 여기서는 인간이 먹는 음식과 약초를 구분하였으므로《식경》이라 한 것으로 볼 수 있다.

• **제호醍醐**　《열반경》에서는 소락제호酥酪醍醐라고 하는데 부처님이 중생의 근기에 따라 설법하신 것을 비유한 말이다.

젖소에서 짠 우유를 락酪이라 하고, 그 다음 가공한 것을 소酥라 하고, 우유덩어리로 된 것을 제호라고 한다. 그러므로 제호는 우유 중에서 가장 상품에 속한다. 부처님은 초기설법을 소승법문小乘法門이라 하여 소락에 비유했고 대승법문大乘法門은 제호에 비유했다. 따라서 다인이 차맛을 말할 때 제호라고 하면 최고의 차맛을 뜻하는 것이다.

• **감로**甘露 이른 새벽에 내리는 맑고 투명한 이슬방울을 뜻한다. 이것은 모든 생명체가 먹고 자라는 자양분일 뿐만 아니라 특히 신선들은 감로만을 마신다고 한다.

불교에서는 부처님의 설법을 감로라고 한다. 욕심으로 채워진 중생의 마음이 한순간도 여유로움이 없이 번민하고 있을 때 부처님의 설법을 듣는 순간 욕심과 집착이 끊어지고 번뇌가 기쁨으로 변하기 때문에 감로라고 하는 것이다. 이처럼 맑고 투명한 아침 이슬이 모든 생명을 생기로 채워주듯 한 잔의 차 역시 인간의 마음에 감로 법문과 같다는 뜻이다.

술 깨우고 잠 적으니 옛 성인 증명하였네

解醒少眠證周聖 해성소면증주성

脫粟飯菜聞齊嬰 탈속반채문제영

虞洪薦饁乞丹邱 우홍천희걸단구

毛仙示裴引秦精 모선시구인진정

술 깨우고 잠 적은 것

주성周聖이 증언하였고

탈속과 나물밥은

제나라 안영이라 소문났네

우홍은 제물 차려 올려

단구신선께 빌었고

모선은 갑옷 같은 헌옷 보여

진정을 이끌었다네

짧은 송구頌句 안에 인용된 내용이 많아 이해하기가 쉽지 않다. 하지만 우선 느껴지는 것은 초의 선사가 차에 대한 고사와 문헌을 많이 인용한 것으로 보아 무척 박학다식한 지성인이었다는 점이다.

좀 더 자세히 살펴보기로 하자. 이 〈술 깨우고 잠 적으니 옛 성인 증명하였네〉에서는 주나라 성현인 주공周公의 예를 들어 우선 찻잎의 효능을 노래하고 있다. 즉 일찍이 주공은 차를 마셔 숙취에 효험을 보았고, 차가 잠을 적게 하여 정신을 맑게 한다고 했다.

이어서 제나라 경공 때 명재상으로 이름 높던 안영롯嬰을 예로 들었다. 즉 그는 언제나 검소한 생활을 했으며 소박한 밥상에 차나물을 즐겨 먹었음을 밝히고 있다.

또한 서진西晉의 우홍虞洪이란 다인을 내세워 그가 좋은 찻잎을 따기 위해 산에 들어갈 때는 언제나 산신에게 제사를 올렸고, 다행히 단구자丹邱子라는 신선을 만나 좋은 차나무를 얻은 예화를 들려주고 있다.

그리고 바로 안휘성 선성에 살았던 진정秦精이라는 다인 이야기가 이어진다. 그는 무창산에 찻잎을 따러 갔다가 수염이 길고 키가 큰 신선을 만났다. 그 신선이 진정을 이끌어 산 아래로 내려가더니 찻잎을 보여주고 갔는데 이내 다시 돌아와 품속에 지니고 있던 귤을 꺼내주었다. 진정은 그것이 무얼 의미하는지 몰라 두려운 생각에 따놓은 찻잎만 짊어지고 급히 돌아왔다는 이야기이다.

이처럼 초의는 역사 속의 실제 인물을 인용하여 아주 오래전부터 차의 효능과 차를 마시는 삶이 생활화되어 있었음을 넌지시 알려주고 있다. 또한 신선을 등장시켜 우홍과 진정이 찻잎을 구할 때 얼마나 정성을 들였는지도 짐작할 수 있게 해준다. 뒤집어 생각해보면, 이것은 초의 선사 역시 차에 대해 무한한 애정을 가지고 있었다는 반증이며, 다인이라면 그 누구나 차를 대하는 마음이 지극해야 함을 일깨우는 예화이기도 하다.

오늘날 실제 다인들의 생활과 비교해보면 위의 본문송에 드러난 이야기는 여러 가지로 배울 점이 많다. 앞서도 언급했지만 차를 대하는 마음이 무엇보다 중요하다. 요즘 어떤 다인이 우홍과 진정처럼 좋은 찻잎을 얻기 위해 산신께 간절히 기도하겠는가. 예배의 대상과 상관없이 차를 대함에 있어 기도하는 마음, 정성을 다하는 마음은 다인의 기본자세이며 진정한 다인을 구별하는 척도라 할 것이다.

다인의 생활은 순수한 마음을 행동으로 실천하는 것이다. 그러므로 마치 수행자처럼 늘 간절한 기원이 있어야 하고, 생활 속에서는 언제나 근검절약의 정신이 있어야 한다. 제나라 재상 안영처럼 소박한 밥상에 거친 조밥과 차나물만 올려놓고도 만족할 줄 아는 덕행을 닦아야 한다.

어찌 보면 초의 선사는 이 글을 통해 진정한 다인의 모범을 제시하고 있는지도 모른다. 왜냐하면 진정한 다인이라면 주공처럼 어질고, 안영처럼 검소하며, 우홍과 진정처럼 지극정성이 있어야 함을 은근히 강조하고 있기 때문이다.

 爾雅檟苦荼 廣雅荊巴間 採葉其飮 醒酒 令人少眠
이아가고다 광아형파간 채엽기음 성주 영인소면

《이아爾雅》에는 가檟나무를 쓴맛 나는 차라 했으며, 《광아廣雅》에는 형주와 파주 사이에 자생하는 찻잎을 따서 달여 마시면 술이 깨고 잠을 줄일 수 있다고 했다.

중국의 천문과 지리, 음악, 초목, 금수 등에 관한 내용을 모아 둔 사전으로 《이아》와 《광아》가 있다.

《이아》는 중국에서 가장 오래된 사전으로 유가儒家의 13경 중 하나이다. 주공이 편찬했다는 설과 공자의 문하에서 편찬했다는 설이 전해진다.

《광아》는 북위北魏의 장읍張揖이 편찬한 사전으로 《이아》의 증보판이다. 《이아》에도 차에 관한 내용이 일부 나오지만 《광아》에 처음으로 병차餠茶와 포차泡茶(우려먹는 차), 그리고 음다飮茶에 대한 기록이 나온다.

《이아》〈석초편釋草編〉에는 다섯 가지로 차 이름을 적고 있다.

① 차茶 ② 가櫃 ③ 설蔎 ④ 명茗 ⑤ 천荈

위의 다섯 가지를 통칭하여 차라고 하는데, 본래 차茶라는 글자는 씀바귀 도茶였다. 고전古典에서도 차茶를 도茶라고 한다.

晏子春秋 嬰相 齊景公時 食脫粟飯 炙三戈 五卵 茗菜而已
안자춘추 영상 제경공시 식탈속반 적삼과 오란 명채이이

《안자춘추》에는 제나라 경공 시절 재상 안영의 밥상에는 현미밥과 조밥에 구운 고기 세 꼬치와 다섯 개의 계란과 차나물이 전부였다고 기록되어 있다.

《안자춘추》란 춘추시대 말기에 제나라의 명 재상 안영의 언행을 기록한 책이다. 그는 제나라 영공靈公, 장공莊公, 경공景公을 섬긴 재상이었다.

안영은 특히 검소한 생활을 했는데 그의 밥상에는 현미밥이나 거친 조밥에 구운 고기 세 꼬치와 계란 다섯 개, 차나물이 전부였다고 한다. 당시는 음식의 종류가 많고 적음에 따라 신분의 척도를 가늠했는데, 안영이 재상으로서 지극히 검소했음을 말하고 있다.

神異記 餘妖 虞洪 入山採茗 遇一道士 牽三靑牛

引洪 至瀑布山曰 予丹邱子 也

신이기 여요 우홍 입산채명 우일도사 견삼청우
인홍 지폭포산왈 여단구자야

《신이기神異記》에 의하면 중국 절강성 여요현에 사는 우홍이 어느 날 산에 들어가 찻잎을 따다가 한 도사를 만났다. 도사는 세 마리의 푸른 소를 몰고 있었다.

그는 우홍을 데리고 폭포산에 이르러서 말하기를 "내가 단구신선이라네."라고 했다.

《신이기》는 전한시대前漢時代 무제武帝의 신하였던 동방삭東方朔이 신비한 내용을 기록한 책이다.

아래 우홍의 이야기가 이어진다.

聞子善具飲 常思惠見 山中有大茗 可相給 祈子他日 有甌䣂之餘 乞相遺也

문자선구음 상사혜견 산중유대명 가상급 기자타일 유구희지여 걸상유야

"들자하니 자네가 차 마시기를 좋아한다 하여 항상 만나보고 싶었네. 산속에 큰 차나무가 있어 그대에게 줄 테니 훗날 제사지내고 나서 차와 제물이 남거든 내게도 남겨주기 바라네."라고 했다.

因奠祭後入山 常獲大茗

인전제후입산 상획대명

"이로부터 제사를 올리고 난 후 산속에 들어가면 언제나 큰 차나무 잎을 딸 수 있었다."고 했다.

宣城人秦精 入武昌山中 採茗 遇一毛人 長丈餘 引精至山下

示以 叢茗而去 俄而復還 乃探懷中橘 以遺精 精怖負茗而歸

선성인진정 입무창산중 채명 우일모인 장장여 인정지산하
시이 총명이거 아이부환 내탐회중귤 이유정 정포부명이귀

선성(안휘성 선성현) 땅의 진정이라는 사람이 무창산(호북성 악성현)에 들어가 찻잎을 따고 있다가 한 모인(신선)을 만났는데 키가 일 장(3미터)이나 되었다. 그는 진정을 데리고 산 아래로 가서는 찻잎을 보여주고 돌아갔다. 곧 그가 다시 돌아와 품속에서 귤을 꺼내 진정에게 주었다. 진정은 두려운 생각에 찻잎을 짊어지고 돌아왔다고 한다.

 • **주성周聖** 주周나라 문왕文王의 아들 주공周公을 말한다. 주공은 근검절약으로 왕권이념을 강화하고 덕치주의를 베풀어 선성先聖, 혹은 원성元聖이라 불렸다.

주공은 그의 아들 장남 백금伯禽이 자신을 대신하여 봉지封地인 곡부曲阜로 떠날 때 이렇게 충고했다.

"나는 문왕의 아들인 동시에 무왕武王의 아우이다. 제후의 고귀한 몸이지만 나는 어진 사람이 찾아오면 머리를 감다가도 그것을 쥔 채로 맞이했고, 밥을 먹는 중에도 그것을 토해내고 사람을 맞이했다. 이것은 겸

손의 예를 다하는 것이므로 너 또한 노魯나라에 가거든 어진 사람을 언제나 예로써 대해야 하며 결코 오만하거나 권위를 내세워서는 안 된다."

이러한 일화에서 비롯되어 삼악발三握髮 삼토반三吐飯이란 고사가 후대에까지 전해지고 있다.

그는 형 무왕을 보좌하였던 노신老臣 강태공姜太公에 견줄 만한 명석한 제후였다.

• **탈속脫粟** 껍질 벗긴 조밥, 즉 거친 조밥을 말한다. 때로는 껍질 벗긴 쌀을 뜻하기도 하므로 거친 현미밥이란 뜻도 있다.

• **반채飯菜** 나물밥이란 뜻이다. 다른 책에서는 한자를 달리 써 반채伴茶라고도 하는데, 이때는 제나라 명신名臣인 안영을 가리킨다. 안영은 언제나 검소한 생활을 하여 밥을 먹을 때도 흰 쌀밥이 아닌 거친 조밥에 나물 반찬이 전부였다고 한다.

• **우홍虞洪** 서진西晉 회제懷帝 때 절강성浙江省 소흥紹興에 살았다고 전해지는 다인이다. 그곳에는 오늘날에도 오룡차烏龍茶가 자생하고 있다. 우홍은 찻잎을 따러 산에 들어갈 때마다 제물을 차려놓고 산신에게 좋은 차나무를 만나게 해달라고 기도를 올렸다고 한다.

• **천희薦饎** 천薦은 제물을 올리기 위해 상을 차린다는 뜻이고, 희饎는 제
물을 말한다.

• **단구丹邱** 신선 단구자丹邱子를 말한다. 신선들이 살았다는 절강성에
있는 지명으로 보는 경우도 있는데, 여기서는 단구자라는 신선을 뜻하
는 말로 쓰였다.

• **모선毛仙** 수염이 길게 늘어진 신선이란 뜻이다. 다른 책에서는 '온몸
에 털이 난 신선'이라 번역하기도 하는데 '수염이 길게 드리워진 신선'
이라 보는 것이 타당하다. 왜냐하면 옛 그림에서 보듯 신선의 위엄을
나타낼 때 수염을 강조하는 것이 일반적이기 때문이다.

• **시구示裘** 다른 책에서는 시구示裘 대신 시총示叢을 쓰고 '찻잎을 보여
주다'라고 번역하기도 한다. 문맥으로 볼 때 신선이 차를 따려는 진정
에게 찻잎을 보여주면서 차나무 숲으로 데리고 갔다는 것이 자연스럽
기는 하다. 하지만 필자는 필사본 원문 그대로를 살려 시구를 번역했
다. 즉 신선은 떨어진 헌 옷을 깨끗하게 입었으니 갑옷같이 생긴 그 옷
조각을 보이면서 차밭으로 인도한 것으로 해석하였다.

뇌를 맑게 하는 이상한 일 전해오네

潛壞不惜謝萬錢 잠괴불석사만전
鼎食獨稱冠六情 정식독칭관육정
開皇醫腦傳異事 개황의뇌전이사
雷笑茸香取次生 뇌소용향취차생

땅속 송장 만큼 베푸는 일

조금도 아끼지 않았고

오정식가五鼎食家들

육정이 제일이라 하였네

개황도 뇌 고친 신기한 일

전해주었고

뇌소차 용향차

차례로 취하였네

해설 이번 송에서는 좋은 차의 효험과 몇 가지 차를 소개하면서 차맛의 의미를 새삼 일깨우고 있다. 특히 차는 품질에 따라 다양하지만 모든 차가 음식의 맛을 내는 육정六情의 재료보다 뛰어남을 말하고 있다.

그동안 사람들은 건강한 삶을 유지하기 위해 다양한 음식 재료를 개발해왔다. 하지만 큰 울타리로 보면 모두 육정의 범위에서 벗어날 수는 없다. 반면에 좋은 차는 차맛은 물론이거니와 신묘한 약효까지 가지고 있어 우리의 몸과 마음을 건강하게 하는데 그야말로 탁월한 효험이 있음을 밝히고 있다.

수나라 문제文帝는 어릴 때부터 두통으로 많은 고생을 했다고 한다. 그런데 이러한 두통의 원인은 뜻밖에도 귀신의 소행이었다. 어느 날 밤 문제의 꿈속에 귀신이 나타나 뇌를 바꿔간 후 두통이 심해졌다는 것이다. 오늘날의 의학적 시각으로 보면 갑자기 뇌에 이상이 와서 두통이 생겼다는 말로 읽힌다.

하지만 문제는 다행히 한 스님을 만나 차를 달여 마시면 나을 수 있다는 말을 듣게 된다. 문제는 스님의 말씀대로 차를 상복했고 그 결과 두통이 씻은 듯 사라졌다는 것이다. 이것은 예로부터 차에 뇌를 맑게 해주는 특별한 효능이 있다는 걸 입증해주는 고사인 셈이다. 그러므로 이 사실을 잘 알고 있던 초의 선사는 좋은 차가 보약이나 좋은 음식에 비교할 바가 아닌 신묘한 명물임을 강조하고 있는 것이다.

이어서 초의 선사는 당나라 각림사의 지숭志崇 스님을 예로 들며 생활화된 차의 쓰임새를 세 가지로 품을 나누어 설명하고 있다. 생산량이 적어 스스로 마시는 용도의 차가 있는가 하면, 생산량이 적당해 불전에 올리는 차, 그리고 손님을 접대하는 차가 따로 있다는 것이다. 이것은 당시에 이미 차의 용처가 꽤 전문화되어 있었음을 말하는 것이고, 또한 생활과 매우 가까운 관계였다는 것을 짐작하게 해준다.

다양한 용도의 차를 만들어야 했으니 당시 스님들은 하루를 꽤 바쁘게 보내야 했을 것이다. 자연스럽게 제다製茶 전문가가 되었을 테고 차를 만드는 일이 수행과 다르지 않은 다선茶禪 일체의 삶을 살았을 것이다. 그러니 스님들이 만든 차는 수행자의 마음이 깃든 차, 즉 정성 가득한 상품의 차였음을 쉽게 짐작할 수 있다.

요즈음 나오는 차 가운데에도 상품으로 평가되는 수제품手製品 차가 있다. 기계의 힘을 빌리지 않고 오로지 사람 손으로 만들어 가격도 꽤 비싸다. 하지만 진정한 수제手製는 그 안에 정성스러운 마음이 담기지 않으면 아무 짝에도 쓸모없다는 게 필자의 생각이다. 아무리 고급스럽고 가격이 비싸다 해도 자기 과시용으로 만들어진 차라면 그 차에 어떤 품계를 매길 수 있겠는가. 비싼 차를 먹는다고 뽐내기 위해 수제품 차를 마신다면 거기에 무슨 덕이 있고, 수행이 있겠는가.

다인이 직접 법제한 차는 흔히 그 지명地名이나 산명山名 또는 계절에 관련된 운치 있는 차명茶名을 붙인다. 물론 차문화 발전을 위해 이런 것도 의미 있는 일이겠지만 필자는 무엇보다도 차를 만드는 장인의 마음이 중요하다고 믿는다. 겉으로 드러나는 상품, 하품의 구분이 아니라 맑고 순수한 장인의 마음이 만들어낸 차를 마시고 싶은 것이다.

초의 선사 역시 정성스럽게 만든 차에 영험이 깃든다고 말하고 있다. 정성으로 빚은 차는 인간의 몸과 마음을 다스릴 뿐 아니라 흙무덤 속 귀신들의 마음까지 감동시킨다. 진무陳務의 아내가 늘 차를 마시기 전에 무덤 속 귀신에게 정성껏 차 공양을 올리자 그 보답으로 재물을 얻었다는 일화는 순수하고 맑은 마음, 정성스러운 마음이 얼마나 중요한지를 새삼 일깨우고 있다.

오늘날 현대인들은 술과 커피를 즐겨 마시며 정신이 맑아지기를 바라고 있다. 하지만 술과 커피를 많이 마시면 정신이 맑아지기는커녕 오히려 산란하고 혼란스럽다. 한 번 마시고 두 번, 세

번 반복해서 마시는 동안 어느덧 중독성이 일어나 정신 불안은 물론 몸의 균형까지 잃게 된다.

하지만 차맛을 알고 차생활을 실천하는 사람은 마치 사군자四君子의 성품처럼 늘 맑고 순수한 마음을 유지할 수 있다. 어지럽게 들끓던 마음도 차 한 잔에 무릇 차분해지고 고요히 가라앉을 수 있다. 그러므로 차생활을 한다는 것은 차와 인간과 자연이 하나임을 깨닫는 길이며 나아가 깨달음의 환희로 이어지는 길이다.

 異苑 剡縣 陳務妻 少與二子寡居 好飮茶茗

이원 섬현 진무처 소여이자과거 호음다명

《이원異苑》에 이르기를 섬현(절강성)에 살고 있는 진무의 부인이 젊어서 두 아들과 함께 과부로 살았는데 그녀는 늘 차 마시기를 좋아했다.

─────────────

《이원》은 중국 송나라 때 유경숙劉敬叔이 쓴 괴담집怪談集이다.

宅中有古塚 每飮輒先祭之 二子曰 古塚何知 徒勞人意 欲掘去之 母禁而止

택중유고총 매음첩선제지 이자왈 고총하지 도로인의 욕굴거지 모금이지

그들이 살고 있는 집 마당에는 오래된 무덤이 하나 있었다. 부인은 차를 마시기 전에 항상 정성들여 무덤 앞에 차를 올려놓고 제사를 지냈다. 그러자 두 아들이 말했다.

"오래된 흙무덤이 무엇을 알겠습니까? 오히려 마음만 번거롭게 할 뿐입니다." 그러고는 무덤을 파헤치려고 했다. 그러자 부인이 두 아들을 꾸짖고 무덤을 훼손하지 못하게 했다.

其夜夢一人云 吾止此三百餘年 鄕子 常欲見毁 賴相保護 反享佳茗 雖潛壞朽骨 豈忘翳桑之報 及曉於庭中 獲錢十萬

기야몽일인운 오지차삼백여년 향자 상욕견훼 뇌상보호 반향가명
수잠괴후골 기망예상지보 급효어정중 획전십만

그날 밤 부인의 꿈속에 한 사람이 나타나서 이르기를, "내가 여기에 삼백여 년을 묻혀 있었는데 마을 아이들이 항상 보고서 훼손하려고 했습니다. 그런데 부인께서는 잘 보호해주셨고 오히려 좋은 차를 달여 정성스럽게 제향까지 지내주시니 비록 땅속 무덤의 썩은 뼈라 할지라도 어찌 예상의 보은을 잊을 수 있겠습니까."라고 했다.

부인이 다음날 새벽에 깨어 마당에 나가보니 엽전 십만 냥이 놓여 있었다.

예상지보翳桑之報는 조순趙盾과 영첩靈輒의 고사이다. 조순은 중국 춘추시대 때 진晉나라 영공靈公의 대부大夫이다. 그가 어느 날 사냥을 나갔는데 마침 예상翳桑이라는 곳에서 굶주려 죽어가는 영첩과 그 어미를 만나게 되었다. 조순은 배고파 죽어가는 영첩에게 음식을 주어 목숨을 구해주었다.

훗날 영첩은 진나라 영공의 호위병이 되었는데 영공이 조순을 미워하여 죽일 것을 명했다. 하지만 영첩은 굶주려 죽어갈 때 목숨을 구해준 조순을 차마 죽일 수 없었다. 그래서 창을 거꾸로 들고 찌르는 흉내만 내고 살려주었다는 고사이다.

진심을 담아 음식이나 차를 남에게 베풀면 굶주린 사람은 물론 무덤 속 귀신까지 감화를 받아 반드시 그 은혜를 갚게 된다는 뜻이다.

張孟陽 登樓詩 장맹양 등루시

鼎食隨時進 정식수시진

百和妙具殊　백화묘구수

芳茶冠六情　방다관육정

溢味播九區　일미파구구

장맹양이 누각에 올라 지은 시에 이르기를

정식(사대부)이 수시로 먹으매

온갖 음식 그릇 화려하지만

향기로운 차가 육정 가운데 으뜸이라

넘치는 맛 온 세상에 퍼지네

장맹양은 중국 남북조시대 사람으로 글을 잘 짓는 문사文士였다. 그의 이름은 재載이고 맹양孟陽은 그의 자字이다.

그가 전망 좋은 누각에 올라 지은 시가 바로 등루시이다. 시에는 차가 지닌 향기로움이 육정의 음식 맛보다 뛰어나다는 내용을 담았다. 앞에서도 설명했지만 육정六情은 여섯 가지 맛을 나타내며 모두가 좋은 음식 재료이다. 또한 육정은 육청六淸이라고도 한다.

隋文帝 微時夢神 易其腦骨 自爾痛 忽遇 一僧云 山中茗草可治

常服之有效 於是天下 始知飲茶

수문제 미시몽신 역기뇌골 자이통 홀우일승운 산중명초가치
상복지유효 어시천하 시지음다

수나라 문제가 어릴 때 꿈을 꾸었는데 귀신이 나타나 문제의 뇌골을 바꾸어 갔다. 그로부터 머리가 아팠는데 어느 날 한 스님이 나타나 산중에 차나무가 많으니 그 차를 달여 먹으면 치료가 가능하다고 했다.

문제가 스님의 말씀대로 찻잎을 따서 달여 마시니 효험이 있었다. 이때부터 천하의 모든 사람들이 처음으로 차를 마시게 되었다.

唐 覺林寺 僧志崇 製茶三品 驚雷笑自奉 萱草帶供佛 紫茸香待客云

당 각림사 승지숭 제다삼품 경뢰소자봉 훤초대공불 자용향대객운

당나라 때 지숭志崇 스님이 각림사에 살았는데 차를 법제할 때 세 가지 품질로 나누었다.

첫째는 경뢰소驚雷笑로 차를 만들어 귀히 여겨 혼자 있을 때 마셨다.

둘째는 훤초대萱草帶로 차를 만들어 늘 부처님께 올리는 공양물로 사용했다.

셋째는 자용향紫茸香으로 차를 만들어 손님들이 오면 접대용으로 사

용했다.

———————————

경뢰소 차는 봄비 내리기 전 천둥 우레 소리에 깨어나 미소를 머금은 차라는 뜻이니 첫물차로 많은 양을 수확할 수가 없다. 그러므로 지숭 스님이 혼자 차맛을 감상할 때 마셨다는 말이다.

훤초萱草는 원추리과에 속하는 나물이다. 이런 나물은 초봄에 새싹이 나면 한 무더기씩 모여 자라는데 이렇게 무더기로 자란 모습을 대帶라고 표현했다. 즉 찻잎이 발아하여 한 무더기씩 무성하게 자라는 모습이 원추리나물이 땅에서 올라와 뭉쳐지는 모양과 비슷하다는 점에 착안한 말이다. 이것은 양이 많아서 수시로 부처님께 공양물로 올리기에 적당하다.

자용향은 사슴뿔이 여러 갈래이듯 차나무 가지가 여러 갈래로 뻗어 잎이 무성하게 자라는 것을 형상화한 말이다. 이것도 많은 양을 수확할 수 있고 가장 무성하게 자란 후에 따는 찻잎이므로 손님 접대용으로 사용하기에 무난하다.

지숭 스님은 차가 가진 가치와 의미를 알고 있었고 적재적소에 사용할 줄도 알았다. 나아가 차의 생활화를 통해 선禪(수행)과 차와 삶이 서로 각각이 아니라 일미一味임을 일깨워주고 있다.

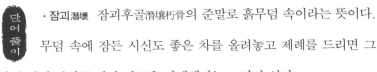

단
어
풀
이
•잠괴潛壞 잠괴후골潛壞朽骨의 준말로 흙무덤 속이라는 뜻이다.
무덤 속에 잠든 시신도 좋은 차를 올려놓고 제례를 드리면 그
향과 맛에 감화를 받아 만금을 사례했다는 고사가 있다.

•정식鼎食 오정식가五鼎食家의 줄임말로 오정대부五鼎大夫라고도 한다.
예로부터 벼슬이 높은 세력가의 집에는 삼정三鼎으로 된 밥솥이 아니
라 오정五鼎으로 된 큰 솥이 걸려 있었다.

또 부유한 살림살이를 뜻하기도 하는데 오정五鼎이 걸려 있는 집에
는 언제나 쇠고기, 돼지고기, 양고기, 생선 등 음식이 풍족하고 권세도
높은 집이라는 고사에서 비롯된 말이다.

•육정六情 음식에는 여섯 가지 맛이 있다고 하는데 첫째로 물맛이
좋아야 하고, 둘째는 장漿(초장)맛이 좋아야 하고, 셋째는 예醴(단술)가
맛있어야 하고, 넷째는 이酏(엿)가 맛있어야 하고, 다섯째는 장醬(간장)
이 맛있어야 하고, 여섯째는 양涼(묽은 술)처럼 담백해야 한다. 이것은
《주례周禮》의 천관선부天官膳夫에서 음식의 맛을 말한 것이다.

초의 선사는 우리나라의 차맛에는 육정이 모두 담겨 있어 차 가운데
으뜸이라 말하고 있다.

또한 육정은 인간의 여섯 가지 감정을 말하기도 하는데 희喜, 노怒,

애효, 낙樂, 애愛, 오惡를 가리킨다. 음식의 맛이 이러한 여섯 가지 감정을 자극하는 원인이 되기도 하므로 여기서는 차가 가지고 있는 맛이야말로 인간의 감정까지도 아우르고 있음을 말한 것이다.

• **개황開皇** 개국황제開國皇帝를 줄인 말로 중국 수나라를 세운 문제 양견楊堅을 말한다. 그는 근검절약하는 정신으로 백성을 받들어 선정을 베푼 임금으로 알려져 있다.

• **뇌소雷笑** 경뢰소驚雷笑를 줄인 말이다. 다른 책에서는 경뢰협驚雷莢의 오기誤記로 보기도 하는데, 필자는 콩꼬투리 '협莢' 자를 초의 선사가 의도적으로 웃을 '소笑' 자로 바꾼 것으로 보고 있다.

다른 책에서는 '경뢰협이라는 꼬투리콩이 처음 발아할 때 겉껍질이 벗겨지는 것처럼 차나무의 촉수가 발아하는 것'을 뜻하는 말로 보았다. 하지만 필자는 우레 소리에 놀란 찻잎이 살며시 미소를 머금고 깨어나는 모양을 뜻하는 것으로 보고 있다. 실제로 우리나라 차나무는 이른 봄비가 내리기 전 하늘에서 우레가 치면 그제야 찻잎의 잎눈이 새싹을 틔우기 위해 미소를 머금고 가만히 깨어난다. 이 때문에 뇌소는 이른 봄 첫물차를 뜻하는 말로도 쓰인다.

• **용향茸香** 자용향紫茸香을 줄인 말로 차나무 모양이 사슴뿔 모양과 닮았음을 표현한 말이다. 차나무 줄기에서 여러 개의 가지가 사슴뿔처럼 갈라지고 그 뿔마다 자색의 찻잎이 발아하는 모습을 나타낸다. 또한 차향이 뛰어나다는 의미도 담고 있다.

동다는 온갖 음식의 으뜸이라네

巨唐尙食羞百珍 거당상식수백진
沁園唯獨記紫英 심원유독기자영
法製頭綱從此盛 법제두강종차성
淸賢名士誇雋永 청현명사과준영

큰 당나라 음식을 차리는 상식尙食이

온갖 음식 만들어 차렸어도

오직 심원에는

자영차만 기록하였다네

잘 만든 두강차가

이로부터 성행되고

맑고 어진 명사들도

준영이라 자랑하네

해설 중국의 문화부흥기는 성당盛唐 시기이니 6~8세기를 말한 다. 이 시기를 대당大唐 또는 거당巨唐 시대라고 한다. 우 리나라에서는 신라가 삼국을 통일한 시대인데, 당시 신라는 당 나라의 문물을 받아들이며, 두 나라 간에 활발한 교류가 이루어 졌다.

차문화도 이 시기에 들어와 차차 널리 알려지기 시작했고 다 양한 음식문화도 교류하였다. 음식은 그 시대의 풍속을 직접 반 영하고 있는데 얼마나 다양한 음식을 잘 먹고 사느냐에 따라 행 복지수가 결정되는 것이니 음식문화에 대한 관점은 예나 지금이 나 크게 다를 바 없는 셈이다.

이번 송에서 초의 선사는 고고한 차맛에 대해 노래하고 있는 데, 이를 위해 당나라 궁중에서 음식을 전담한 관직인 '상식'을 등장시키고 있다. 초의 선사는 이들이 궁중에서 백 가지 진수성 찬을 차려 갖가지 맛을 자랑할지라도 결국 신묘한 차맛을 능가 할 수 없다고 말하고 있다. 음식은 저마다 단맛, 짠맛, 신맛, 쓴 맛 등 여러 가지 맛을 가지고 있다. 하지만 차는 뭐라고 꼬집어 표현하기 어려울 정도로 은근하고 미묘한 맛을 낸다. 맛이라고 이름하기 어려운 맛이고, 맛의 경계를 넘어 맛이라는 이름조차 불필요한 맛이다. 이 때문에 차를 사랑하는 다인들은 아무리 맛

좋은 음식이 앞에 놓여도 차맛과는 비교할 수 없다고 말한다.

초의 선사가 이렇게 차맛을 강조하는 데는 그럴 만한 이유가 있다. 어떤 음식이 지나치게 자극적이거나 입에 달면 사람은 저절로 그 음식에 탐심이 생긴다. 그 음식만 생각하면 먹고 싶어 견딜 수 없고 한 번 일어난 음식 욕심은 계속 커져 나중에는 사람조차 이기적인 성품으로 바꾸어놓는다.

하지만 차맛은 전혀 다르다. 오히려 차맛은 많이 느끼면 느낄수록 욕심이 줄어들고 마음이 맑아진다.

이러한 연유로 옛 사람들은 음식을 탐하지 말라는 수많은 고사를 남겼고, 식탐으로 채워진 육체는 반드시 병이 나 후회를 부른다고 훈계하고 있다. 이는 동양뿐 아니라 서양에서도 마찬가지다. 적게 먹는 것이 장수의 비결인 것은 이제 인류 공통의 진리로 자리 잡았다.

몇 년 전 필자는 중국 여행길에서 식당에 들렀다가 우연히 작은 간장병을 보게 되었는데 거기에 다음과 같은 글이 쓰여 있었다.

三餐不可少 삼찬불가소

一滴味無窮 일적미무궁

세 가지 반찬 적지 않고

한 방울 간장 맛 끝이 없네

소박한 식사를 권하는 내용과 함께 한 방울 간장의 깊은 맛을 읊은 내용인지라 몇 년이 지났어도 여전히 기억에 남아 있다. 단 두 줄의 짧은 글일망정 전하는 의미는 결코 가볍지 않게 보였기 때문이리라.

불교에서는 다섯 가지 욕심을 특히 경계하라고 가르치고 있다. 다섯 가지 욕심이란 재물, 배우자가 아닌 사람, 음식, 명리, 안락한 수면을 말한다. 이 중 몇 가지는 인간이 생활하는 데 반드시 필요한 조건이기도 하지만, 지나치게 탐하면 결국 스스로를 해치는 독이 되어 돌아오고 만다.

특히 다인이 경계해야 할 것은 식탐의 유혹이다. 식탐은 쉽게 끊을 수 없을 뿐만 아니라 평생을 두고 반복되는 일이므로 더욱 마음을 잡아 경계해야 한다.

초의 선사 역시 주문註文에서 이러한 내용을 언급하고 있다. 당나라 덕종은 자신의 식탐을 줄이기 위해 차를 즐겨 마셨다고 한다. 그래서 자기가 사랑하는 공주에게 음식을 내릴 때도 꼭 녹화차綠花茶와 자영차紫英茶를 함께하도록 권했다는 것이다.

오늘날 음식문화가 서구식으로 변하면서 뜻하지 않게 다양한 문제점이 발생하고 있다. 음식을 통해 몸이 더 건강해져야 하는데 거꾸로 당뇨나 고혈압, 비만 등의 성인병이 날로 증가하고 있다. 몸에 그다지 도움이 되지 않는 즉석 가공식품이 범람하고 끼니마다 과식을 하는 탓에 오히려 건강을 해치는 것이니 풍요 속의 아이러니가 아닐 수 없다.

초의 선사는 차문화를 생활화하라고 권하면서 식탐에 대해 말하기도 했다. 즉 차 마시기를 생활화하면 저절로 식탐을 조절할 수 있고, 차문화가 발전하면 발전할수록 저마다 건강한 몸을 가질 수 있다는 것이다. 다산 정약용 역시 "차를 많이 마시는 민족은 흥할 수 있지만 식탐이 많아지면 그 민족은 망한다."고 직언하며 탐식하는 습관을 경계하라고 가르치고 있다.

여기서 조선시대 함허 스님의 다시茶詩 한 편을 감상해보자.

一椀茶出一片心   일완다출일편심

一片心在一椀茶   일편심재일완다

當用一椀茶一嘗   당용일완다일상

一嘗應生無量樂   일상응생무량락

한 잔 찻잔 속에

한 조각 마음 일어나고

한 조각 마음

한 잔 찻잔 속에 담겼네

마땅히 한 잔의 차

맛보게 되면

그 맛 속에 무량한 즐거움

생겨난다네

차 한 잔을 마주하고 앉은 함허 스님의 모습이 눈에 선하게 그려지는 아름다운 시이다. 함허 스님이 차를 대하는 마음이 어떠했는지 가히 짐작하고도 남는다.

마음을 다스리는 수행법은 다양하지만 차를 통해 얻을 수 있는 수행법은 초의나 함허가 다를 수 없다. 이른 봄에 찻잎을 따서 법제하여 불전에 올리는 한 잔의 차. 그리고 정성을 담아 손님 앞에 내는 한 잔의 차. 때로는 홀로 앉아 가만히 음미하는 한 잔의 차. 이러한 순수하고 맑은 한 잔의 차에 어찌 수행의 공덕이 담기지 않겠는가. 어찌 저절로 마음이 정화되고 평화로움이 깃들지 않겠는가.

가끔씩 생각해본다. 비록 이 진흙밭 같은 세상을 살아갈지라도 더도 덜도 말고 늘 소박한 한 잔의 차와 벗할 수 있는 다인茶人으로 남아 있기를…… 더불어 근심과 우환으로 신음하는 이웃들에게 한 잔의 따스한 차를 나누는 다인으로 살아가기를……

 唐德宗 每賜 同昌公主 饌與茶 有綠花 紫英之號 茶經 稱茶味 雋永

당덕종 매사 동창공주 찬여다 유록화 자영지호 다경 칭다미 준영

당나라 덕종은 언제나 동창공주에게 성찬盛饌과 좋은 차를 하사했는데 녹화차와 자영차의 이름이 있었다. 《다경》에는 차맛을 일컬어 '준영'이라고 했다.

_____

덕종(742~805)은 당나라 9대 황제로 25년 동안 통치했으며 이 시기부터 차에 세금을 부과했다고 한다.

• **거당巨唐** 대당大唐이란 뜻이다. 당나라 문화부흥기 성당盛唐 시대, 즉 6~8세기를 말한다.

• **상식尚食** 음식을 숭상한다는 뜻으로 진秦나라 시대부터 황제의 식사를 담당한 벼슬이다. 후대에 내려오면서 상선감尚膳監이라고도 불렸다.

• **심원沁園** 공주가 거처하는 원림園林을 말한다.
《후한서後漢書》〈두헌전竇憲傳〉에 다음과 같은 글이 있다.

憲恃宮掖聲勢 遂以賤値請奪 沁水公主園田 後詩人多以沁園 擬公主園林
헌시궁액성세 수이천치청탈 심수공주원전 후시인다이심원 의공주원림

두헌이 소유한 궁궐 옆 원림이 소문(성세聲勢)이 나서 많은 사람들이 탐을 냈는데 궁중에 헐값으로 빼앗기게(청탈請奪) 되었다. 이때부터 심수공주의 원림이 되었고 그래서 훗날 많은 시인들이 심원을 공주가 거처하는 원림이라 전한다.

• **자영紫英** 이른 봄 자색을 띠고 올라오는 찻잎 새싹을 말한다. 우전차를 가리키는 말이기도 하다. 사전을 보면 자운영紫雲英은 '콩과에 속하

는 두해살이풀'이라고 되어 있는데, 일반적으로 자석영紫石英이 자수정 紫水晶을 가리키듯 자운영紫雲英은 자색을 띤 차 잎사귀를 말한다.

• **두강頭綱** 이른 봄에 따는 차로 일명 조춘차早春茶라고도 한다. 《선화북원공다록宣化北苑貢茶錄》에 다음과 같은 기록이 있다.

每歲分十餘綱 惟白茶與勝雪 自驚蟄前興役 浹日乃成 飛騎疾走

不出仲春 已至京師 號爲頭綱玉芽

매세분십여강 유백차여승설 자경칩전흥역 협일내성 비기질주
불출중춘 이지경사 호위두강옥아

차는 매년 십여 강(차의 품질)으로 나누는데 오직 백차와 승설차는 경칩 전에 찻잎 따는 일을 시작해서 협일(10일)을 넘기지 않고 찻잎의 법제를 완성한다.

다 만들어진 차를 마차에 싣고 빠르게 달려 중순을 넘기지 않고 서울에 도착시키는데 이것을 이름하여 두강옥아차頭綱玉芽茶라고 한다.

위의 글로 짐작할 수 있듯이 두강차란 차의 품등品等 가운데 가장 좋은 차를 말한다.

• 준영雋永 맛 좋고 뛰어난 음식이라는 뜻이다.

당나라 문인 육우陸羽(733~804)가 쓴 《다경茶經》에 '준雋은 미야味也 (맛이요), 영永은 장야長也(뛰어나다)라 했으니 미장왈味長曰 준영雋永'이라 했다.

예로부터 중국에서는 음식 가운데 뛰어난 고기 맛을 준영이라 했는데, 초의 선사는 모든 음식 가운데 차맛이야말로 준영이라고 한 것이다. 즉 차맛이 음식 가운데 최고임을 강조한 표현이다.

진성 잃으면 차맛은 없어진다네

綵莊龍鳳轉巧麗 채장용봉전교려

費盡萬金成百餠 비진만금성백병

誰知自饒眞色香 수지자요진색향

一經點染失眞性 일경점염실진성

용봉 무늬 수놓으니

볼수록 아름다워

많은 돈 들여서

온갖 떡차 만들었네

누가 알겠는가

차속에 진색향이 넉넉함을

한 번 지나치게 다른 물질 물들면

차맛의 진성을 상실한다는 것을

이번 송에서는 다인이 차를 법제함에 있어 그 정성이 얼마나 중요한 것인지에 대해 말하고 있다. 차에는 본래부터 갖추어진 진색眞色, 진향眞香, 진미眞味가 있으나 팽주烹主(차를 달여 나누어주는 사람)의 마음과 자세에 따라 그 삼진三眞이 나타나기도 하고 사라지기도 한다.

이와 마찬가지로 인간의 심성도 본래부터 맑고 깨끗하여 부처의 모습을 원만히 구족하고 있지만 자기도 모르는 사이에 무명업식無明業識이 쌓여 마음에 때가 묻고 이기적인 욕심이 드러나 본성을 잃게 된다.

그러므로 다인은 차를 대할 때 그 정성이 지극해야 하고 자연스러운 가운데 엄숙함이 묻어나야 한다. 자기 자신의 내면과 마주할 때 역시 차를 대할 때처럼 지극한 마음과 솔직함, 그리고 진정성이 필요하다.

초의 선사도 용과 봉황 무늬로 장식된 고급 차에 대해 냉소적이다. 용봉무늬는 차의 본성과 별 관계가 없다는 것이다. 참된 다인이라면 그런 겉모습보다 차를 대하는 마음가짐이나 지극한 정성이 더 중요하다는 의미이다.

초의 선사는 팽주의 마음가짐에 따라 차맛이 결정된다고 누누이 강조하고 있다. 이것은 오로지 행다行茶를 단속하는 말로만 쓰인 것은 아니다. 인간의 삶 속에도 그대로 적용되는 것이니 외형의 화려함보다 내면에 충실하라는 가르침이기도 하다. 진실한 마음과 정성스런 마음으로 하루하루 세상을 살아간다면 거기서 참된 맛과 참된 색, 그리고 참된 향기가 어찌 배어나오지 않겠는가.

송나라 때부터 차가 점점 고급화되고 상품화되어 고위관료들에게 과시용으로 쓰이기 시작했다. 이 때문에 찻값이 만금이나 된다고 했으니 다도 풍속이 원래의 소박한 본성을 잃고 겉모습만 번지르르해진 것이다. 특히 화려한 용봉 무늬를 장식하는 것도 모자라 임금에게 올리는 진상품에는 순금 장식까지 했다니 차생활의 외형적 화려함이 어떠했는지 가늠하고도 남음이 있다. 초의 선사는 다도 문화가 이렇게 외형적으로 화려하게 변질되는 것을 극도로 경계하고 있다.

물론 인간은 누구나 자기 욕망을 실현하기 위해 마치 꿈틀거리는 용처럼 기상을 드높이려고 한다. 또 봉황처럼 화려하고 고결한 품위와 격조를 가지고 싶어한다. 임금의 어전에 권력과 위엄을 상징하는 용상龍床이 놓이고, 혼례를 올릴 때 봉황 대신 장닭을 준비하는 것도 모두 같은 맥락에서 생긴 풍속이다.

누군들 꿈틀거리는 용처럼 드높은 기상을 가지고 싶지 않겠는가. 누군들 봉황처럼 고결하고 격조 있게 영원히 행복을 누리며 살고 싶지 않겠는가. 하지만 생각해보라. 소박하고 담백해야 할 차문화에 용봉 무늬가 찍히고 순금 장식이 덮이는 것이 과연 옳은 일이겠는가. 백 번 양보하여 아무리 좋게 보려 해도 너무 지나치다는 생각만 들 뿐이다. 예부터 수행자의 선禪 공부에 버금가는 일로 다도를 논하는데 뜬금없이 용봉은 무엇이고 순금 장식은 또 무엇인가.

여기서 인간의 끊임없는 욕심을 비웃으며 인생의 부질없음을 노래한 당나라 시인 백거이白居易(772~846)의 시구를 돌아보자.

蝸牛角上爭何事 와우각상쟁하사

石光光中寄此身 석광광중기차신

달팽이 뿔 같은 좁은 세상에서

무엇을 다투려 하는가

부싯돌 불빛 같은 찰나의 순간에

잠시 이 몸을 의탁한 것이거늘

인간이 서로 잘난 체하며 권세와 부귀로 살아가는 것도 알고 보면 마치 달팽이 뿔 위에서 서로 경쟁하는 것과 같다는 말이다.

또한 인간이란 부싯돌이 부딪쳐 일어나는 불빛처럼 극히 찰나에 존재하는 가여운 생명임을 일깨우고 있는 시이기도 하다.

작은 달팽이 뿔 위의 공간이 얼마나 위태로울 것이며 오래 살려고 욕심을 부리는 것은 또 얼마나 부질없는 짓인가. 부싯돌 불빛처럼 순간에 스쳐가는 것이 바로 인생인 것을.

사람들은 대개 자신의 생명과 육체가 영원히 존재하는 줄 안다. 그러한 탓에 죽음과 소멸에 대해 깊이 성찰하지 못하고 막연히 오래도록 존재할 것이라는 환상에 빠져 있다. 그러니 삶의 무상함이 무엇인지도 모르고 경계할 줄도 모른다.

권력과 부귀가 덧없으며 삶이 무상함을 아는 것이 바로 수행이고 진리를 찾아가는 첫걸음이다. 수행자가 내면의 세계로 침잠하여 참선을 하는 이유도, 그리고 다인들이 정성껏 다도를 하는 이유도 바로 덧없음을 알고 깨달음의 지혜를 얻고자 하는 것이다.

한 잔의 찻잔 속에는 무한한 삶의 에너지를 끌어낼 수 있는 네 가지 지혜가 담겨 있다고 한다. 네 가지의 지혜를 익히 알고 차를 대하면 보통의 찻자리라도 그 분위기가 이전과는 사뭇 다를 것이다.

그 첫째는 화해심和解心이다. 모든 사람들에 대해 원망함이 없고 언제나 감사하는 마음, 화해하는 마음을 가지는 것이 중요하다는 말이다.

둘째는 경앙심敬仰心이다. 모든 사물이나 생명체를 존중할 줄 알고 겸허히 우러러보는 마음자세가 필요하다는 말이다.

셋째는 청정심淸淨心이다. 다인이 생활하는 공간은 언제나 근검하고 소박하면서도 깨끗이 정리정돈이 되어 있어야 한다는 말이다.

넷째는 적요심寂寥心이다. 다인이 차를 대할 때는 되도록 말이 없어야 한다. 삼진三眞은 말없이 고요한 가운데 비로소 드러나기 때문이다.

이러한 네 가지 지혜를 마음에 새기고 차를 대하면 무릇 그의 찻자리는 만금을 주고도 살 수 없는 귀중하고 보배로운 자리가 될 것이다.

또 다른 고시古詩 한 편을 감상해보자.

石火光陰一瞬間　석화광음일순간

利名空使萬人攀　이명공사만인반

寒岩幸得歌三秀　한암행득가삼수

終日始愚對碧山　종일시우대벽산

불똥 튀는 시간들

한순간이고

이권과 명예가 부질없건만

만인들과 연줄 맺고 싶어하네

써늘한 바위 봉우리에

다행히 삼수三秀를 얻어 노래 부르고

온종일 어리석게

푸른 산을 마주해 앉았네

인생은 바위가 부딪쳐 일어나는 불똥 튀는 한순간에 지나지 않는데, 사람들은 기를 쓰고 부질없는 명예와 이익을 좇아 달려가고 있다. 그러나 다인은 써늘한 바위 봉우리를 바라보면서 뛰어난 삼우三友를 만났으니 이보다 행복할 수 없음을 말하고 있는 시이다.

여기서 삼우三友란 위의 시에 나오는 삼수三秀와 같다. 삼수는 다인의 생활에서 반드시 만나야 하는 세 가지 수려함을 말한다. 그 세 가지는 첫째, 송림松林 사이로 솟아오르는 달빛, 둘째, 계곡으로 흐르는 물소리, 셋째, 앞산에 솟아오른 산봉우리를 가리킨다.

이러한 삼수를 만나 벗 삼고 차향과 함께할 수 있다면 더없는 기쁨과 환희에 젖을 수 있다는 말이다.

마지막 행에서 온종일 어리석게 푸른 산을 마주하고 있었다는 표현에는 우리의 어리석음을 비웃는 의미가 담겨 있다. 무심한 산일망정 결코 무심코 지나칠 경계가 아님을 일깨우는 표현인 것이다.

 大小龍鳳團 始於丁謂 成於蔡君謨 以香藥合而成餠
대소용봉단 시어정위 성어채군모 이향약합이성병

크고 작은 용 무늬, 봉황 무늬의 둥근 떡차는 정위가 처음 만들었으며 채군모에게 와서 성행하게 되었으니 그때의 떡차는 향약香藥을 합하여 만들었다.

정위丁謂(966~1037)는 《건안다록建安茶錄》을 저술하고 황제에게 납품할 용봉단차龍鳳團茶를 만들어 훗날 진국공晉國公에 봉해졌다.

채군모蔡君謨(1012~1067)는 시문과 서화에 뛰어났으며 차에 대해 깊이 연구하여 《다록茶錄》을 저술했다.

餠上 飾以龍鳳紋 供御者 以金莊成 東坡詩云 紫金百餠費萬錢

병상 식이용봉문 공어자 이금장성 동파시운 자금백병비만전

떡차를 만들 때 그 위에 용이나 봉황 무늬를 장식하기도 하는데 임금에게 올릴 때는 금으로 장식하기도 했다. 소동파 시에 "자금색의 온갖 떡차, 만 전 들여 구입했네."라는 글이 있다.

이것은 중국 송나라 시인 소동파가 장기蔣夔라는 사람으로부터 차와 시를 받고 화답한 시 가운데 나오는 한 줄이다. 시의 제목은 '화장기기다和蔣夔寄茶'인데 '장기가 차를 보내며 부친 시에 화답하며'라는 뜻이다. 전문은 꽤 길기 때문에 모두 인용할 수는 없고 그 일부만 감상해보자.

淸詩兩幅寄千里　청시양폭기천리

紫金百餠費萬錢　자금백병비만전

吟哦烹噍兩奇絶　음아팽초양기절

只恐偸乞煩封纏　지공투걸번봉전

청아한 시구詩句 두 폭을

천 리 먼 길 부치노니

자금색 온갖 떡차

만 전 들여 구입했네

음아吟哦(시 읊고)하고 팽초烹噍(차 마시니)하니

둘 다 기이하고 절묘하다네

차 훔치는 도둑 두려워

번거롭지만 꽁꽁 묶어두었네

용이나 봉황 무늬를 수놓은 용봉단병龍鳳團餅의 화려한 떡차는
선물하는 데 따라 장식품이 다르고 그 가격도 천차만별이었다.
특히 용봉이 장식된 떡차는 귀중히 여겼을 뿐만 아니라 이를 훔
쳐가려는 도둑이 있었기에 단단히 묶어서 숨겨두기도 했다.

萬寶全書 茶自有眞香眞味眞色 一經他物點染 便失其眞

만보전서 다자유진향진미진색 일경타물점염 편실기진

《만보전서》에 차에 대한 설명이 있으니 "본래 차에는 참향기와 참
맛, 그리고 참색이 있는데 한 번이라도 지나치게 이물질이 점염되면
즉시 그 진성眞性을 잃어버리게 된다."고 했다.

《만보전서》는 청나라의 모환문毛煥文이라는 사람이 백과사전식으로 찬술한 책이다.

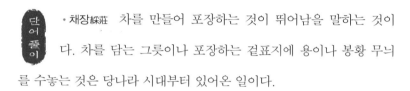 • 채장綵莊 차를 만들어 포장하는 것이 뛰어남을 말하는 것이다. 차를 담는 그릇이나 포장하는 겉표지에 용이나 봉황 무늬를 수놓는 것은 당나라 시대부터 있어온 일이다.

• 용봉龍鳳 송나라 때부터 유행한 용 무늬나 봉황 무늬를 수놓아 장식한 차를 말한다. 혹은 떡차를 만들 때 용이나 봉황 틀을 만들어 찻잎을 넣어 찍어내기도 했다. 여기에는 길상吉祥과 존경, 그리고 상대에게 정성을 표한다는 뜻이 담겨 있다.

• 비진만금費盡萬金 만금을 소비해서라도 좋은 차를 구입한다는 뜻이다. 진정한 다인은 화려한 겉포장의 장식을 보고 차를 사는 것이 아니라 정말로 정성들여 만들어졌느냐에 따라 억만금이라도 아끼지 않고 반드시 구입한다는 의미이다.

• 백병百餠 여러 가지 모양으로 만들어낸 떡차를 말한다. 떡차의 형태로 소병小餠, 대병大餠과 용 무늬, 봉황 무늬, 심지어 장수, 부귀, 길상을 상징한 글귀를 넣어 찍어내기도 한다.

• 일경점염—經點染 한 번이라도 지나치게 이물질에 물들면 본래 차가 가지고 있는 진성眞性을 잃게 된다는 뜻이다.

차를 법제할 때는 차가 가진 본래의 맛을 잃어버리지 않게 특별히 정성을 기울여야 한다. 지나치게 덖거나 볶으면 맛이 변하고, 포장할 때나 저장할 때도 이물질이 한 점이라도 들어가면 차색과 차향, 그리고 차맛을 잃어버리게 된다.

길상예, 성양화여! 도인들이 마신 차라네

道人雅欲全其嘉 도인아욕전기가
曾向蒙頂手栽那 증향몽정수재나
養得五斤獻君王 양득오근헌군왕
吉祥蕊與聖楊花 길상예여성양화

도인은 맑고 아름다움

온전히 지키려고

일찍이 몽정산 찾아

손수 차나무를 키웠네

길러온 찻잎 다섯 근 따서

임금께 올렸나니

길상예 성양화라

이름 붙였네

해설 예로부터 스님들은 산세가 수려한 곳에 작은 암자를 짓고 수행정진하면서 차나무가 자랄 만한 곳에 차나무를 심었다. 차나무가 자라면 찻잎을 따 잘 손질하여 덖고 우려서 차로 만들어 마셨다. 이렇게 수행과 행다行茶가 하나가 되는 생활이 바로 다선일미茶禪一味요, 선농일치禪農一致인 것이다.

당나라의 백장百丈(720~814) 스님은 선농일치의 정신을 특별히 강조한 것으로 유명하다. 스님은 일일부작一日不作 일일불식一日不食이란 명언을 남겼는데, '하루 일하지 않으면 하루 먹지 않는다'는 뜻이다. 이는 수행과 일을 나누어 보는 것이 아니라 농사짓고 일하는 것 역시 수행의 한 방편으로 본 것이다. 그래서 초의 선사도 이번 송에서 부대사傅大士의 차농사 이야기를 송으로 읊은 것이다.

여기서 부대사의 〈오도송悟道頌〉을 감상해보자.

天眼通非礙 천안통비애

肉眼礙非通 육안애비통

法眼唯觀俗 법안유관속

慧眼直緣空 혜안직연공

佛眼如千日　불안여천일

照異體還同　조이체환동

圓明法界內　원명법계내

無處不鑑用　무처불감용

천안은 걸림 없이 모든 것을 보나

육안은 장애 있어 볼 수가 없지

법안은 오직 세간의 이치만 보고

혜안은 공의 도리를 바로 본다네

천 개 태양 같은 부처님 눈은

온갖 모습 다 보아도 바탕은 같아

오롯하게 밝고 밝은 법계 안에서

어느 곳도 보지 못할 곳이 없다네

인간이 가지고 있는 육신의 눈으로는 감히 진리를 헤아려볼 수 없다. 장애, 즉 걸림이 있기 때문이다. 그러므로 육안이 아닌 심안心眼을 가지고 보면 육안으로 볼 수 없는 것을 환히 볼 수 있다. 이 때문에 심안을 일러 천안天眼이라고 한다.

법안法眼이란 세상의 모든 생명체를 차별 없이 본다는 뜻이다. 하늘과 땅의 덕성을 이해하고, 그 사이에 살아 있는 모든 생명이 저마다 평등한 불성을 지니고 있음을 관찰하는 안목이다.

혜안慧眼이란 삶 속에서 일어나는 다양한 마음을 적재적소에 응변할 줄 아는 눈이다. 또한 모든 현상에 대한 집착을 버리고 우주의 진리를 밝게 보는 안목이다.

불안佛眼이란 온 세계를 동일하게 비추는 태양과 같은 눈이며, 모든 법의 참 모습을 보는 부처님의 눈이다.

불교에서는 이 다섯 가지 눈을 가리켜 오안五眼이라고 한다.

부대사는 모든 생명체가 똑같이 본래 오안을 가지고 태어났다고 말한다. 그런데 중생은 심안을 열지 않고 육안으로만 보기 때문에 차별과 시비가 생긴다는 것이다.

다인의 마음도 오안과 연결해 생각해볼 수 있다. 어떤 마음으로 차를 대하느냐에 따라 다인의 수준도 역시 여러 가지로 나뉜다. 육안의 다인이 있는가 하면, 천안의 다인이 있고, 또 법안이나 혜안을 가진 다인도 있을 것이다. 또한 오랜 세월 동안 청정한 수행자의 자세로 차생활을 해나간다면 어느덧 불안에 이를 수도 있을 것이다.

초의 선사는 두륜산 중턱에 일지암一枝庵을 짓고 주변에 차나무를 심어 선농일치의 정신으로 살았다. 정성들여 찻잎을 따서 법제하여 유생들에게 아낌없이 베풀었고, 유교니 불교니 하는 종교적 차별 없이 자유로운 삶을 살았다. 때로는 정쟁에 휘말려 유배당한 이들과도 거리낌 없이 인연을 맺고 우정을 나누었다. 이렇게 정치나 신앙의 이념을 훌쩍 뛰어넘은 자리에는 늘 순수한 차향이 맴돌았으니 아마도 초의 선사의 경계境界는 범인이 쉬 범접하기 어려운 곳이었을 것이다.

예로부터 진정한 다인들은 차향을 나눌 때 차별하기를 꺼렸다. 차생활의 바탕에는 늘 따스한 인정이 살아 있었고 이해와 자비심이 함께했다. 찻자리는 모두 수행처와 마찬가지였고, 함께 차향을 나누는 사람은 모두 나의 스승이나 마찬가지였다. 그렇다. 무릇 차는 자기 성찰이자 수행이며 나아가 생명의 환희로 이어질 수 있는 것이니 그 안에 법안과 혜안과 불안의 경지가 어찌 함께하지 않겠는가.

잔잔한 울림이 전해지는 다시茶詩 한 편을 음미해보자.

香初老佛微微笑　향초노불미미소

鍾後靑山默默聽　종후청산묵묵청

차의 첫 향기에

노불老佛은 엷은 미소 짓는데

종소리 긴 여운을

청산만이 묵묵히 듣고 있네

어느 빈객이 산사를 찾아 부처님께 정성들여 차 한 잔을 올렸다. 그러자 첫 차향기에 부처님이 가만히 미소 짓고 때마침 산사에 범종소리가 울려퍼진다. 종소리는 긴 여운을 남기며 퍼져나가는데 그 소리를 듣는 것은 사람이 아니고 청산이라는 말이다.

시를 가만히 음미해보니 차향은 다인의 마음이요, 부처님의 미소는 다인의 얼굴, 긴 여운의 종소리는 다인의 아름다운 목소리 같다. 맑은 기운이 전해지는 좋은 다시이다. 구한말의 처사 이낭산李郎山이 쓴 것으로 전해지고 있다.

조선시대의 학자 매월당梅月堂 김시습金時習(1435~1493)도 다인으로 알려져 있다. 매월당은 수양대군이 어린 단종을 폐위하는 반인륜적 행위를 저지르자 참지 못하고 일생을 유랑하며 승속僧俗을 가리지 않는 무애행無碍行(거리낌 없는 행동)으로 살았다.

금강산, 오대산을 거쳐 남쪽 끝 다도해까지 9년 동안이나 떠돌던 그는 31세 되던 해 경주 남산 용장사에 금오산실을 지어놓고

6년 동안 칩거했다. 그 무렵 그는 차와 더불어 살면서 〈양다養茶〉라는 시를 남겼다. 그의 시를 감상해보자.

年年茶樹長新枝　년년다수장신지

陰養編籬謹護持　음양편리근호지

陸羽經中論色味　육우경중논색미

官家権處取槍旗　관가각처취창기

해 거듭할수록 차나무

새로운 가지 자라는데

차나무 그늘에 키워

울타리 정성으로 보호하네

《육우경》에서는 차색과 맛을

논하였는데

관가에서는 차 세금 거두려고

어린 잎만 채취해가네

암자 주변에 심어둔 차나무가 해를 거듭할수록 잘 자라고 있으니 차밭 주위에 두른 울타리를 잘 관리해야 함을 읊고 있다.

또한 중국 당나라 문인 육우陸羽(733~804)가 쓴 《다경茶經》에는 차색이 어떻고 차맛이 어떻다고 기술해놓았는데, 다인의 마음을 전혀 모르는 관가官家에서는 오로지 차에 대한 세금을 거두려고 어린 찻잎만 따간다고 비웃고 있다.

매월당의 시 〈양다〉는 다음과 같이 계속 이어진다.

春風未展芽先抽 춘풍미전아선추

穀雨初回葉半披 곡우초회엽반피

好向小園閑暖地 호향소원한난지

不妨因雨着瓊㺿 불방인우착경유

봄바람 불기 전에

차싹이 먼저 트고

곡우절 돌아오면

잎이 반쯤 피어나네

한가하고 따뜻한

작은 동산 좋아하니

비에 옥 같은 꽃 드리워도

무방하리라

출가하여 승려가 되었다가 다시 환속하는 등 매월당의 삶은 신산했다. 어쨌든 그러한 삶으로 인해 매월당은 설잠雪岑이란 법호도 가졌고 불가의 문화도 잘 알고 있었다. 차에 대한 애정과 관심도 불가와 인연을 맺었기에 더욱 깊어졌을 것이다.

매월당이 특별히 차나무를 사랑한 데는 그럴 만한 이유가 있었다. 그는 불사이군不事二君의 절개를 끝까지 지킨 생육신의 한 사람이다. 그러니 변절하여 시류에 영합한 세력가들이 얼마나 가소로웠겠는가. 그는 직접 차나무를 키우며 차나무의 덕성과 미덕이 자신과 흡사하다고 느꼈다. 변치 않는 차의 맛과 향과 색으로 자신을 위로하고, 더불어 자신의 절개를 끝까지 지킬 수 있게 도움을 주는 벗으로서 오로지 차나무를 사랑했던 것이다.

인간은 본래 공수래空手來 공수거空手去의 존재이다. 빈손으로 와서 빈손으로 돌아가는 것이 자연의 이치이다. 결국 빈손으로 마무리되는 삶에서 무릇 마음을 내어 한 그루 차나무를 심어 가꾸고 사랑하는 것이 어찌 의미 없는 일이겠는가. 매월당과 부대사, 그리고 초의 선사는 결국 진흙밭 같은 세상에 차향을 전하는 일로 수행을 대신했고 끊임없는 다도를 통해 자신의 내면을 고양시켰다. 차가 가진 가장 큰 효능은 자기성찰이며 자기완성이기에 가능한 일이다.

주문해설

傳大士 自住蒙頂結庵 種茶凡三年 得絶嘉者 號聖楊花 吉祥蕊
共五斤持歸供獻

부대사 자주몽정결암 종다범삼년 득절가자 호성양화 길상예
공오근지귀공헌

부대사가 중국 사천성 몽정산에 들어가 암자를 짓고 차나무를 심어
3년 동안 키웠다. 그 가운데 가장 절묘하고 좋은 찻잎을 얻어 이름하여
성양화, 길상예라 했다. 함께 다섯 근을 얻어가지고 돌아와 부처님께
공양물로 헌납했다.

_____

위의 내용을 보면 중국에서도 이미 차나무의 재배와 찻잎을 따
서 법제하는 일이 스님들에 의해 이어져왔음을 알 수 있다. 부대
사는 차나무를 심고 키우고 채엽하고 차로 만들어 부처님께 헌
다하는 전 과정을 마치 수행을 하는 것처럼 직접 실천하고 있다.

이러한 전통적 관습에서 당나라 조주趙州(778~897) 스님의 청
다淸茶라는 고사가 탄생하게 되었을 것이다. 조주 스님은 사람
들이 찾아오기만 하면 무조건 차를 권하는 것으로 유명해 '조주
청다趙州淸茶'라는 말이 생겼다.

조주 스님은 약 40여 년 동안 선풍禪風을 크게 일으켜 고불古佛

이라 불렸는데 무려 120세까지 장수한 후 입적했다.

조주 스님의 〈오도송悟道頌〉을 감상하면서 깨달음의 깊이를 가늠해보기로 하자.

春有百花秋有月　춘유백화추유월

夏有凉風冬有雪　하유량풍동유설

若無閑事掛心頭　약무한사괘심두

便是人間好時節　변시인간호시절

봄에는 온갖 꽃들이 피어 있고

가을에는 달빛이 있다네

여름에는 서늘한 바람이 있고

겨울이면 흰 눈이 있다네

만약 쓸데없는 일에

마음만 걸지 않는다면

문득 이것이 인간 세상에

참으로 좋은 시절인 것을

수행자가 자연과 어우러진 후 심안心眼을 열어 깨달음에 이른

정경이 담겨 있다. 다인들에게도 아름다운 경지가 있다면 바로 위의 시와 같은 경지일 것이다. 계절에 따라 변화하는 모습을 있는 그대로 받아들이고, 쓸데없는 생각 따위는 던져버린 채 고즈넉이 앉아 차를 마신다면 그 순간이 바로 좋은 시절이 아니고 무엇이겠는가.

무릇 운치 있는 다인이라면 계절의 변화에 따라 차맛을 느끼는 소박한 여유를 가져도 좋을 것이다. 물론 도심에서는 계절의 흥취를 느끼기 힘들 테니 시간을 내 산사山寺를 찾아가는 것도 좋겠다. 자연의 맑은 소리로 귓전을 씻어내고 고요히 앉아 차를 마시면 이 또한 좋은 시절이 되고도 남을 것이다.

 •도인道人 중국 양나라의 승려 부대사傳大士(497~569)를 말한다. 일찍 결혼하여 두 아들을 키웠는데 낮에는 품을 팔아 생계를 유지하고 밤이면 설법을 통해 많은 사람들에게 감화를 주었다고 한다.

부대사의 이름은 흡翕이고 자字는 현풍玄風이다. 《금강경》에 주해송註解頌을 제일 먼저 달아 선혜대사善慧大師라 부르기도 한다.

•아욕雅欲 깨끗한 마음으로 바란다는 뜻이다. 부대사가 차나무를 심어

놓고 잘 자라기를 염원한다는 의미가 담겨 있다.

• **기가**其嘉 차나무의 아름다움을 말한다. 찻잎이나 줄기가 아름다운 것이 아니라 찻잎의 향과 맛이 아름답기를 바란다는 뜻이다.

• **몽정**蒙頂 중국 사천성四川省 아안현雅安縣과 명산현名山縣의 중간에 위치한 산으로 녹차의 산지이다.

청나라 조의趙懿의 《몽정다설蒙頂茶說》에 몽산차를 칭찬하는 글이 있다.

"몽정산 상청봉에 다원이 있는데 그중에서도 중앙에 일곱 그루의 차나무가 좋다. 세상에 전하기를 보혜선사普慧禪師가 손수 심은 것이라 한다. 이천 년 동안 죽지 않고 웃자라지도 않으며 찻잎이 작고 뾰족하며 맛은 맑고 색은 누런색인 듯 푸른색이며 찻잔 속의 차향이 몽정산을 덮는 듯하고 잘 흩어지지 않는다. 이것을 몽산차라고 한다. 몽산차는 이렇게 특이한 향으로 인해 신선들이 마시는 차라고 했다."

• **수재**手栽 전통 재래방식으로 차를 재배한다는 뜻이다. 요즈음 수제차와는 차이가 있다. 오늘날의 수제차는 오염된 환경 탓에 아무래도 전통 재래방식의 깨끗한 수제차와 맛이나 향이 같을 수 없다.

옛날에는 자연 퇴비는 물론이고 직접 정성들여 차나무를 키워 손으로 채엽했다. 또 이익을 남기는 상품이 아니라 선물용이나 불전에 올리는 헌공물로 주로 쓰였던 터라 정성껏 손수 법제하여 수제차의 참맛을 느낄 수 있었다.

• 길상예 성양화吉祥蕊 聖楊花   부대사가 손수 법제한 차를 길상예와 성양화라고 이름 붙였다.

청나라 유원장劉源長이 1669년에 《개옹다사介翁茶史》를 썼는데, 그 책에 따르면 신라 성덕왕의 왕자로 태어난 김교각金喬覺(696~794) 스님이 신라로부터 차종茶種을 가져와 구화산에 심었으며, 이전에 부대사가 몽정산에서 차나무를 심어 덖음차를 만들었다고 했다.

차 이름을 길상예라 붙인 것은 차나무의 꽃술이 금빛이고 그 향기가 마음을 상쾌하게 하여 길상의 뜻을 담고 있기 때문이다. 또 차 이름이 성양화인 까닭은 찻잎과 차향이 성스럽고 버들가지처럼 유순하며 언제나 푸른빛을 띠고 있기 때문이다.

설화의 차향이여, 운간월이 뛰어나네

雪花雲腴爭芳烈 설화운유쟁방열
雙井日注喧江浙 쌍정일주훤강절
建陽丹山碧水鄉 건양단산벽수향
品製特尊雲澗月 품제특존운간월

설화차 운유차는
진한 차향을 서로 다투고
쌍정차 일주차는
강서와 절강에 소문났네
건양 단산 지방은
푸른 물 맛좋은 고장이라
좋은 차 제품으로 특히
운감차 월간차를 꼽는다네

이번 송에서는 중국의 여러 지방에서 생산되는 차 이름을 소개하고 물맛이 뛰어난 지역까지 두루 밝히고 있다. 하지만 이렇게 여러 가지 중국차를 소개한 것은 그 차들 간에 우열을 가리자는 의미가 아니다. 초의 선사는 이 글의 보이지 않는 행간에서 우리의 동다 역시 맛과 향이 뛰어나다는 것을 은근히 말하고자 했던 것이다.

초의 선사는 우선 중국차 중에서 설화차雪花茶, 운유차雲腴茶, 쌍정차雙井茶, 일주차日注茶를 열거하고 이러한 차도 지역이나 기후에 따라 맛과 향이 다르게 나타남을 밝히고 있다. 뿐만 아니라 차와 물은 뗄 수 없는 관계이므로 물맛 좋은 건양과 단산을 벽수碧水의 고장으로 소개하고 있다.

또한 당나라 때 한유의 문하생인 손초孫礎라는 사람이 있는데 손초는 찻물에 유독 예민했다고 한다. 그는 좋은 물을 얻기 위해 먼 길을 마다하지 않고 달려갔고, 또 좋은 물을 만나면 물을 향해 절까지 했다고 한다. 한잔의 차를 만들기 위해 노력하는 자세가 이 정도라면 가히 수준급 다인이라 할 만하다.

사실 다도에서 찻물의 중요성은 아무리 강조해도 과하지 않다. 좋은 차와 다구茶具, 그리고 사람의 지극한 정성이 만나야 비로소 다도가 시작되는 것인데 여기서 반드시 잊지 말아야 할 것이 바로 찻물이다. 찻물은 그야말로 차의 몸이나 다름없다. 이처럼 중요하기 때문에 다인들이 찻물을 일러 청결한 수행자의 몸이라 비유하는 것이다.

초의 선사는 또 범영梵英 스님과 소동파의 만남에 대해서도 언급하고 있다. 소동파는 스님이 내준 차를 마셔보고 감명을 받아 햇차냐고 묻기까지 한다. 당연히 햇차일 것이라 생각하고 묻는 것이다. 하지만 스님은 뜻밖에도 햇차와 묵은 차를 섞은 것이라 말한다. 이것은 차맛을 내는 데에 차와 찻물도 중요하지만 차를 다루는 사람도 그만큼 중요하다는 의미이다.

차는 사람의 심성과 같아서 본래 깨끗함을 구비하고 있다. 하지만 차를 다루는 사람의 정성이 부족하거나 찻물과의 조화가 깨지면 생각만큼 좋은 차를 만들 수 없다.

넓은 의미에서 보면 차의 성분을 분석하여 그 효능을 말하는 것은 좁은 견해에 불과하다. 차는 단순히 건강 음료로 분류되는 물건이 아니다. 차에는 인류가 오랜 세월 쌓아온 삶의 지혜가 담겨 있고, 수행자의 정신이 스며 있으며 자연과 인간이 합일되는 어울림의 향기까지 배어 있는 것이다.

자연은 인간뿐만 아니라 모든 생명이 호흡하고 공존하는 삶의 터전이다. 《법화경法華經》에 만법귀일萬法歸一이란 말이 있는데 이것은 온갖 생명체가 마침내 한 곳으로 돌아감을 의미하는 말이다. 생명을 담고 있는 형상은 유한하기 때문에 그 형상이 소멸하면 그 심체心體는 결국 하나로 돌아간다. 대자연의 순환법칙은 한 치도 어김이 없다. 소멸된 형상은 결국 지수화풍地水火風으로 화하여 대자연의 품으로 돌아가 안기는 것이다.

영원한 것은 아무것도 없다. 모든 게 변한다. 초의 선사는 유한한 형상을 가진 우리에게 어떤 위안의 말을 건네줄까? 혹 이런 말을 하지 않을까.

"그렇다고 너무 고민하거나 실망할 필요는 없다오. 삶이 유한하기에 삶이 오히려 가치 있고 아름다운 것이라오."

 雪花兩脚何足道
설화양각하족도

설화차와 양각차로

어찌 만족하다 하겠는가

───────────

소동파의 시에 이르기를 '설화양각하족도雪花兩脚何足道 철과시지진미영嚥過始知眞味永'이라 했다. 즉 '설화차와 양각차로 만족한다 하겠는가, 차를 마셔본 후에야 비로소 차의 진미眞味가 뛰어나다는 것을 알 수 있다.'는 뜻이다.

다시 말해 차맛은 설명으로는 알 수 없다는 의미이다. 여기에서 양각兩脚이란 차의 싹이 두 갈래로 벌어지는 첫물차를 이른다. 이는 차생활을 오래 하여 차를 즐겨 마시고 눈여겨본 사람만이 알 수 있는 것이다.

송나라 때 유덕린兪德鄰이라는 다인이 읊은 시를 감상해보자.

俾泛雪華於兎毫　비범설화어토호

亦勝西施以嫫母　역잉서시이모모

토호잔에 백설꽃 차 향기

맴돌아 떠오르니

착하고 어여쁜 여인(첩)을

데려온 듯하다네

좋은 물을 만나 우러난 차향은 마치 아름다운 여인을 보는 듯 즐거움을 준다고 읊고 있다. 또 가루차를 휘저어 일어나는 설화

雪花 같은 거품이 잔 속에 떠오르는 모습도 그리고 있다.

특히 말차를 다완茶碗에 넣고 휘저으면 푸른 물방울 기포가 뜨는데 다인들은 이것을 가리켜 밤하늘의 별빛 정기라고 한다. 이는 차를 우주로 생각하는 시각이다. 이러한 우주가 담긴 다완을 두 손으로 받쳐들고 차향에 젖어본 적이 있다면 마땅히 다인의 경지에 들어선 것이라 할 수 있다.

山谷詩云　　　　산곡시운

我家江南採雲腴　아가강남채운유

황산곡의 시에 이르기를

우리 집 강남땅에 운유차 잎을 따고

송나라의 시인이며 서예가인 황산곡黃山谷(1045~1105)은 절강 지방에서 차를 직접 따 법제하여 즐겨 마셨다고 한다. 특히 그는 따스한 온대성 기후에서 자란 운유차雲腴茶를 즐겼는데, 그곳 운유차는 산안개의 기운을 머금고 자라 찻잎의 색이 매우 윤택했다고 한다.

당나라 때 피일휴皮日休(834~883 추정)의 시에 이르기를,

味似雲腴美　미사운유미

形如玉腦圓　형여옥뇌원

맛은 운유의 아름다움과 같고

모양은 둥근 옥빛 같다

라고 했으니 최상품 차로 운유차를 꼽은 것은 당나라 때부터 계속 이어져온 것이다.

東坡至僧院 僧梵英 葺治堂宇嚴潔 茗飮芳烈 問此新茶耶

英曰 茶性 新舊交則香味復

동파지승원 승범영 즙치당우엄결 명음방열 문차신다야
영왈 다성 신구교즉향미복

소동파가 어느 날 범영 스님이 안거하는 암자를 찾아갔다. 지붕을 억새로 잇고 도량을 깨끗하게 해놓은 그곳에서 범영 스님이 달여준 한 잔의 차를 마시니 향기가 더욱 진하게 우러났다. 소동파가 "이것이 햇차입니까?"라고 물으니 뜻밖에도 범영 스님이 이르기를 "이 차는 햇차와 묵은 차를 섞은 것인데, 잘 섞어서 우려마시면 이내 그 향기와 맛을 회복할 수 있습니다."라고 했다.

草茶成兩浙 而兩浙之茶品 日注爲第一 自景祐以來 洪州雙井白芽漸盛

近歲製作尤精 其品遠出日注之上 遂爲草茶第一

초다성양절 이양절지다품 일주위제일 자경우이래 홍주쌍정백아점성
근세제작우정 기품원출일주지상 수위초다제일

초차[草茶]는 절강성 동쪽과 서쪽 지방에서 생산된 차이며 품질로는
일주 지방의 차가 제일이라고 했다. 경우景祐(송나라 인종의 연호로
1034~1038년 5년간 사용됨) 이래로 홍주洪州 지방과 쌍정雙井 지방에서 생
산되는 차가 점점 성행했다. 근세에는 차를 법제하는 기술이 더욱 정
교해져 그 품질이 일주 땅의 상품차보다 멀리 알려졌고 드디어 초차
가운데 제일이라고 했다.

여기에서 초차라는 용어를 두고 여러 의견이 분분하나 일반적
으로 엽차를 전통적인 방법으로 법제하는 작설차를 통칭한 것으
로 본다. 왜냐하면 분말로 된 차를 가리키기보다는 잎사귀를 살
청殺靑(열기를 가해 푸른빛을 없애는 일)하지 않고 볶거나 덖어 만든
차를 말하기 때문이다. 쌍정차雙井茶나 일주차日注茶가 이러한 초

차이다. 다시 말해 찻잎을 끓이거나 찻잎을 말리거나 찻잎을 압축하여 진액을 빼내는 제다법이 아니라 그 해에 가장 먼저 발아된 잎을 따서 즉시 법제한 차이므로 초차라고 하는 것이다.

瑑齋閑覽 建安茶爲天下第一 孫樵送茶 焦刑部曰 晚甘侯十五人

遣侍齋閣 此徒乘雷而摘 拜水而和 蓋建陽丹山 碧水之鄕

月澗雲龕之品 愼勿賤用 晚甘候 茶名

둔재한람 건안다위천하제일 손초송다 초형부왈 만감후십오인
견시재각 차도승뢰이적 배수이화 개건양단산 벽수지향
월간운감지품 신물천용 만감후 차명

송나라의 범정민范正敏이라는 사람이 《둔재한람遯齋閑覽》이라는 책을 지었는데 그 책에 이르기를 건안建安 지방에서 생산된 차가 천하제일이라고 했다.

또한 당나라의 문인 한유韓愈(768~824)의 문하생이던 손초孫樵는 초형부(초씨 성의 형부자사로, 형부자사는 음식을 담당하는 부서를 말한다)에게 차를 보내면서 이르기를 "만감후晚甘候 15인을 시재각으로 보낸다. 이 차는 이른 봄 우레가 치고 차나무의 촉수가 뾰족이 내밀 때 잎을 따 좋은 물과 만나 차의 맛과 향이 조화로워 정성들여 만든 차이다."라고 했다.

이것은 건양과 단산 지방이 물이 맑은 고장이기 때문이며, 월간차月澗茶

와 운감차雲龕茶는 상품이므로 함부로 천하게 사용해서는 안 된다고
했다. 만감후란 차 이름이다.

茶山先生 乞茗疏 朝華始起 浮雲晶晶於晴天 午睡初醒 明月離離於碧澗

다산선생 걸명소 조화시기 부운정정어청천 오수초성 명월이리어벽간

다산 선생의 〈걸명소〉를 보면 차를 마시기 좋은 때를 네 가지로 말
하고 있다. 바로 아침 햇살이 빛나기 시작할 때, 뜬구름이 비 갠 하늘
에 곱게 떠 있을 때, 낮잠에서 갓 깨어났을 때, 밝은 달이 푸른 시냇물
에 가만히 잠겨 있을 때이다.

다산의 〈걸명소〉는 강진 백련사에 주석했던 아암兒菴 혜장 선
사惠藏禪師(1772~1811)에게 보낸 글인데 여기에 전문을 실어본다.

乞茗疏

旅人近作茶饕 兼充藥餌 書中妙辟 全通陸羽之三篇 病裏雄蠶 遂竭盧仝之
七碗

雖侵精瘠氣 不忘慕母喪之言 而消壅破瘕 終有李贊皇之癖 洎乎朝華始起

浮雲晶晶於晴天 午睡初醒 明月離離於碧澗

걸명소
여인근작다도 겸충약이 서중묘벽 전통육우지삼편 병리웅잠 수갈노동지칠완
수침정척기 불망기무경지언 이소옹파반 종유이찬황지벽 계호조화시기
부운정정어청천 오수초성 명월이리어벽간

나그네(다산 자신을 일컬음)는 요즈음 차를 너무 탐한 탓에 겸하여 약으로도 음용합니다. 글 가운데 묘벽(묘법)은 육우가 저술한 《다경》 세 편을 모두 통달하였으며 병을 다스림에 있어 온종일 뽕잎을 뜯어먹는 누에雄蠶(웅잠)처럼 노동盧소의 칠완차를 마십니다.

비록 차를 너무 많이 마셔서 정기가 침탈하고 기운이 수척해진다는 기무경의 말을 잊지 않았습니다만 막힌 것을 소통시켜주고 부스럼을 쓸어내어 피부가 깨끗해진다고 한 이찬황의 차 마시는 버릇에 빠져 있습니다.

아침 햇살이 빛나기 시작할 때, 뜬구름이 비 갠 하늘에 곱게 떠 있을 때, 낮잠에서 갓 깨어났을 때, 밝은 달이 푸른 시냇물에 가만히 잠겨 있을 때는 더욱 차가 마시고 싶습니다.

細珠飛雪山燈飄紫笋之香 活火新泉野席薦白兎之味

花瓷紅玉繁華雖遜於潞公 石鼎靑煙澹素庶乏於韓子

蟹眼魚眼昔人之玩好徒深 龍團鳳團內府之珍頒已罄

세주비설산등표자순지향 활화신천야석천백토지미
화자홍옥번화수손어로공 석정청연담소서핍어한자
해안어안석인지완호도심 용단봉단내부지진반기경

말차를 휘저으면 작은 구슬 같은 방울이 날리고 산방山房의 화로엔
자순紫箏의 차향이 맴돕니다. 뜨거운 화롯불에 맑은 샘물로 달이는 차
맛은 야석野席에서 흰 토끼가 찧어서 만든 영약의 맛입니다.

꽃을 수놓은 도자기는 붉은 옥잔이지만 그 화려함이 어찌 노공潞公
을 따르겠습니까? 돌솥 차 달이는 푸른 연기가 맑고 깨끗하지만 한자
韓子에는 모자랄 뿐입니다.

오로지 찻물을 끓임에 해안어안蟹眼魚眼이 있어 옛 사람들 좋아하듯
따르건만, 못내 아껴왔던 차통 속의 진귀한 용단봉병차가 이미 바닥났
습니다.

　茲有采薪之疾 聊伸乞茗之情

　竊聞 苦海津梁最重檀那之施

　名山膏液潛輸瑞草之魁

　宜念渴希 毋慳波惠

乙丑冬 贈兒菴禪師

자유채신지질 요신걸명지정
절문 고해진량최중단나지시
명산고액잠수서초지괴
의념갈회 무간파혜

을축동 증아암선사

산에 땔나무를 구하러 가지도 못하는 아픈 몸이라 애오라지 정분으로 차를 구걸하는 바입니다.

가만히 듣자 하니 고해苦海를 건너는 데는 보시[檀那之施]가 가장 중요하다고 합니다.

차는 명산의 진액이며 풀 중의 영약으로 으뜸이라 하오니

목마르게 바라는 뜻을 잘 헤아려

부디 아낌없는 은혜를 베풀어주시기 바랍니다.

을축년(1805) 겨울, 다산이 아암 선사에게 보냅니다.

〈걸명소〉란 다산이 아암 혜장 선사에게 동다東茶를 보내달라는 뜻을 담아 보낸 글이다.

1801년 강진으로 귀양을 온 다산은 동촌 주막집에 살다가 백련

사 아암 선사의 배려로 고성사 한쪽 방을 얻어 보은산방寶恩山房이라는 현액을 걸고 귀양생활을 하게 된다. 그런데 일찍이 다산은 아암의 제다製茶 솜씨를 알고 있었고, 함께 마셔본 기막힌 차맛을 잊지 못해 보은산방에서 차를 청하는 글을 쓰기에 이른다. 이 글이 바로 다산의 〈걸명소〉이다.

| 걸명소 단어풀이 |

• 묘벽妙辟 묘법을 말한다. 묘법은 원래 불교의 신기하고 묘한 법문이란 뜻이다.

• 웅잠雄蠶 누에가 웅성하게 뽕잎을 먹다.

• 노동지칠완盧仝之七碗 당 나라 시인 노동(796~835)이 저술한 《칠완다가七碗茶歌》를 말한다. 노동의 호는 옥천자玉川子이고 하남성河南省 소실산小室山에 은거해 살았는데 성품이 곧고 깨끗하여 차를 좋아했다.

그를 평하는 말에 '상불사천자上不仕天子 하불식후왕下不識候王'이라는 표현이 있는데 '위로는 황제를 섬기지 않고 아래로는 제후나 왕을 알려 하지 않았다.'는 뜻이다. 평생 현실과 타협하지 않은 시인이며 다인이었다.

• 기무경綦母㷏 당나라 사람으로 차를 싫어했다고 한다. 차에서 이로움을 얻어도 차의 덕으로 생각하지 않았고, 몸이 아파 위태로워져도 차

의 재해로 돌리지 않았다.

• 이찬황李贊皇(787~850) 당나라의 재상이다. 차를 좋아하여 천 리나 떨어진 혜산천惠山泉의 물을 길어다 차를 달여 마셨다고 한다.

• 백토지미白兎之味 '흰 토끼가 방아를 찧어 만든 영약과 같은 맛'이라는 뜻으로 이에 관한 전설이 있다고 한다.

• 화자홍옥花瓷紅玉 '꽃그림 도자기, 붉은 옥으로 된 그릇'이라는 뜻으로 모두 찻잔을 말한다.

• 노공潞公 춘추시대의 노潞라는 곳에서 호화로운 차생활을 하던 사람이 있어 그를 노공潞公이라 불렀다. 여기서는 다산이 노공처럼 여유롭게 차를 즐기지 못함을 비유하는 데 쓰였다.

• 한자韓子 당나라 문인 한유韓愈를 높여 부르는 말이다. 자는 퇴지退之이고 문장이 뛰어나 유종원, 구양수, 소동파, 왕안석 등과 함께 당송팔대가로 불린다.

• 해안어안蟹眼魚眼 찻물이 막 끓기 시작할 때 마치 게와 물고기 눈처럼 자잘하게 일어나는 기포를 말한다. 해어안蟹魚眼이라고도 한다.

• 진량津梁 다리를 말한다. 다산이 아암 선사에게 다리 역할이 되어 달라는 부탁의 말로 쓰였다.

• 단나지시檀那之施 보시바라밀布施波羅密을 뜻하는 말이다. 보시바라밀은 자비심으로 남에게 재물이나 불법을 베푸는 것을 말한다.

단
어
풀
이 •설화雪花 설화차를 말한다. 차꽃이 피는 시기는 초겨울이다.

그러므로 설화는 녹차를 두고 붙인 차의 이름이다. 때로 다른

책에서 설화를 가루차인 말차抹茶에서 일어나는 거품이라고도 하는데

필자는 동의하지 않는다. 왜냐하면 본문에서는 녹차의 산지와 차 이름

만을 읊고 있기 때문이다.

•운유雲腴 운유차를 말한다. 아침 안개가 찻잎을 스치고 지나가면 찻

잎은 더욱 빛난다. 이러한 잎차를 따서 만들어 운유라고 했다.

•쟁방열爭芳烈 '향기로 다툰다'는 뜻이다. 차나무는 각 지방의 토질과

기후에 따라 독특한 향기와 맛을 지니기 때문에 향기로 서로 다툰다고

묘사했다. 명나라의 가중명賈仲名(1343~1422)이 자다운유煮茶雲腴(운유차

를 달인다)라 했으니 차 이름을 운유라 한 것이다.

•쌍정雙井 쌍정차를 말한다. 송나라 때 홍주 쌍정지방에서 생산된 차

이다. 쌍정백아雙井白芽라고도 하고 쌍정설아雙井雪芽라고도 한다.

•일주日注 일주차를 말한다. 절강성 소흥紹興 일주산日注山에서 생산되

는 차이다. 송나라 때 양연령楊延齡의《양공필담楊公筆談》에 의하면 일

주산의 차는 절강지방에서 생산되는 차 가운데 제일이라고 한다. 특히 일주산 사찰 부근에는 좋은 샘물이 있어 차를 달여 마시면 단맛이 감돈다고 전해진다. 또 그 산봉우리 부근에는 차나무가 많은데 잎이 작고 향이 진하여 마치 사향 같은 기운이 감돈다고 한다.

•건양建陽 본문에서는 지명으로 쓰였지만 차 이름이기도 하다. 복건성福建省에서 생산되는 차를 말하는데 일명 건차建茶라고도 한다. 송나라 때 황실의 다원茶園인 북원北苑과 무이구곡武夷九曲의 차밭도 주변에 있다.

•단산丹山 본문에서는 지명으로 쓰였지만 차 이름이기도 하다. 호북성湖北省 파동현巴東縣에서 생산되는 차를 말한다. 이곳 산은 단혈丹穴(붉은색이며 다이아몬드 광택이 나는 광물)과 자기紫氣(자줏빛 상서로운 기운)가 감돈다고 하여 예로부터 단산丹山이라 불렸다. 오늘날 오룡차의 산지이기도 하다.

•운간월雲澗月 운감차, 월간차를 말한다. 운감이란 짙은 안개가 스며들어 찻잎에 맺힌 모습에서 붙여진 이름이다. 자연 그대로 순수한 차를 말한다. 월간이란 마치 물속에 담긴 달빛처럼 맑고 깨끗하다는 뜻으로 붙여진 이름이다.

예로부터 절강성과 복건성 지방에서 설화차, 운유차, 쌍정차, 일주차가 생산되었는데 그곳의 물맛이 매우 좋아 차의 향과 맛이 뛰어났다고 한다.

육안차, 몽산차는 약 효험 겸하였네

東國所産元相同 동국소산원상동
色香氣味論一功 색향기미논일공
陸安之味蒙山藥 육안지미몽산약
古人高判兼兩宗 고인고판겸양종

우리 녹차와 중국차의 생산지는

원래 근원이 같다네

색깔, 향기, 맛은

하나라고 이를 만하고

육안의 차 맛과

몽산의 약 효험을 지녀

옛 어른들 우리나라 녹차가

두 가지를 겸하였다 평했다네

인간은 누구나 고향이 있고 고향에 대한 향수를 죽을 때까지 잊지 못한다고 한다. 이것은 아마도 태어나 자라면서 처음 보고 느낀 것들이 마음 깊은 곳에 잠재되어 있기 때문일 것이다. 기억은 오랜 세월이 흐르면 추억으로 변하고 또 그 후에 아무리 세월이 흘러도 좀처럼 잊히지 않으면서 오히려 그리움의 대상이 된다. 그래서 인간은 죽을 때까지 고향에 대한 그리움과 향수를 잊지 못하는 것이다.

삶의 출발점은 이처럼 오래도록 마음에 간직되어 있다. 인간 내면에는 본래 회귀본능이 있어 자신의 출발점으로 돌아가고 싶은 마음이 생기기도 하는데 어찌 보면 이것도 불가에서 말하는 윤회의 한 형태처럼 보인다.

신라시대 화엄학의 대성大聖이었던 의상義湘(625~702) 스님은 《화엄경》의 법계도 설명에서 '행행본처行行本處 지지발처至至發處'라고 했다. 풀이하면 '우리가 어디로 출발해서 가고 또 가도 거기가 본래 그 자리이고, 또 어딘가에 도착했다고 해도 그 자리가 바로 출발한 자리'라는 뜻이다.

이것은 다름 아닌 진리에 시작과 끝이 없음을 암시하는 말이다. 진리는 온누리에 태양처럼 빛나며 마치 둥근 원처럼 윤회하고 있다는 뜻이다.

인간이라는 존재가 진리의 원 안에서 윤회하듯이 차의 성품 역시 이와 다르지 않다. 중국에서 건너와 우리나라로 왔든지 우리 땅에서 건너가 중국으로 갔든지 차의 본래 성품은 바뀌지 않는다. 기후와 토질과 환경이 다르다 해도 결국 차나무가 가진 본래의 색향기미色香氣味는 같을 수밖에 없다는 말이다.

인간이 생활하는 곳이라면 장소에 상관없이 어디서나 다양한 차별 의식이 일어나고 그로 인해 천변만화千變萬化의 갈등과 시비가 벌어진다. 이 때문에 불가의 수행자들은 다양한 수행법을 통해 갈등과 시비의 원인인 차별상差別相을 극복하고 일원상一圓相을 구현하려 노력하는 것이다.

초의 선사는 근본적으로 다인의 삶도 수행자의 삶과 다르지 않다고 보고 있다. 일원상을 찾아 구도하는 수행자처럼 다인 역시 다도를 통해 일원상을 구현할 수 있다는 것이다. 차맛의 일원상을 이해하는 것은 차맛의 일미一味를 이해하는 것과 다르지 않다. 이것이 바로 초의 선사가 한결같이 우리에게 전하고자 하는 다선일미의 경계인 것이다.

우리나라 차가 중국차와 조금도 차이가 없다고 한《동다송東茶頌》의 기록에는 두 가지 의미가 내포되어 있다. 첫째는 차의 외부적인 요소로 맛과 향, 색깔 등을 말하는 것이고, 둘째는 차의 본질적인 요소로 차나무가 가진 본래 성품을 말하는 것이다. 초의 선사는 이 두 가지 요소가 모두 중국차와 조금도 차이가 없다고 말하고 있는데, 실은 두 번째 요소, 즉 차의 본래 성품에 무게중심이 기울어져 있는 말임을 짐작할 수 있다. 왜냐하면 초의 선사는 다인이기에 앞서 禪의 본질을 이해하는 선승이기 때문이다.

진정한 다인이라면 여러 가지 다양한 차를 두루 섭렵하는 것보다 단 한 잔의 차라도 마음을 담아 마실 줄 알아야 한다. 조용한 산사에 앉아 한 잔의 차에 담긴 자신의 마음을 보라. 그러면 삶이 아무리 고해를 건너는 지난한 일일지라도 거기서 기쁨과 환희를 만나고 더없는 행복을 느낄 수 있을 것이다.

 東茶記云 或疑東茶之效 不及越産 以余觀之 色香氣味 少無差異

동다기운 혹의동다지효 불급월산 이여관지 색향기미 소무차이

《동다기》에 이르기를 혹 어떤 사람들이 의심하기를 동다의 효능이 지금의 절강성 소흥 지방에서 생산되는 월산차에 미치지 못한다고 하는데 내가 볼 때 우리 차의 빛깔과 향기, 맛을 보건대 조금도 차이가

나지 않는다.

《동다기》는 조선 영조와 정조 시절에 무관으로 활약한 이덕리 李德履(1728~?)가 쓴 다서茶書이다. 다른 책에서는 다산 정약용의 저술이라 주장하기도 하는데 학자들의 연구에 의해 초의 선사가 언급한 《동다기》는 이덕리의 저술임이 확인되었다. 《동다기》의 원래 제목은 《기다 記茶》이다.

茶書云 陸安茶以味勝 蒙山茶以藥勝 東茶 蓋兼之矣

다서운 육안다이미승 몽산다이약승 동다 개겸지의

다서茶書에 이르기를 육안 지방 차는 맛이 뛰어나고 몽산 지방 차는 약효가 뛰어나다고 한다. 그러나 우리나라 차는 이러한 두 가지를 모두 겸하고 있다.

若有 李贊皇 陸子羽 其人 必以余言爲然也

약유 이찬황 육자우 기인 필이여언위연야

만약 당나라 때 재상을 지낸 이찬황李贊皇이나 육자우陸子羽가 있다면 그들도 내 말이 반드시 옳다고 할 것이다.

———————

당나라 재상 이찬황은 누구보다 차를 사랑한 다인으로 몇 백 리나 떨어진 혜산천惠山泉의 물을 떠와 차를 달여 마셨다고 한다. 여기서 수체水遞라는 말이 생겼는데 이것은 '물을 배달' 해 마셨다는 뜻이다. 그만큼 차맛을 내는 데 물이 중요하다는 의미이다.

육자우도 역시 차를 사랑한 다인이었다. 그는 갓난아기 때 부모로부터 강가에 버림을 받았는데 기러기 떼들이 감싸고 우는 소리를 듣고 근처 절에 있던 지적智積 스님이 발견해 데려와 키웠다고 한다. 그래서 스님의 속성俗姓을 따서 육陸 씨라 했고 이름을 자우子羽라 했다. 또 다른 이름은 홍점鴻漸이다.

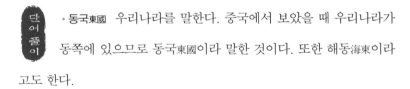

• 동국東國 우리나라를 말한다. 중국에서 보았을 때 우리나라가 동쪽에 있으므로 동국東國이라 말한 것이다. 또한 해동海東이라고도 한다.

• 원상동元相同 근원이 서로 같다는 뜻이다. 우리나라 차나무는 신라시

대 때 사신 김대렴이 중국에서 가져와 지리산 부근에 처음 심었다고 한다. 이는 《삼국사기》에 나오는 기록이다. 그러므로 중국과 우리나라 차종이 서로 같다고 한 것이다. 하지만 일설에 의하면 가야시대부터 김해 부근에 이미 차나무가 있었다고 한다.

어쨌든 중국과 우리나라 차종이 서로 같다 해도 맛과 향은 같지 않다. 왜냐하면 차나무는 지역과 기후, 토질에 따라 서로 다르게 성장하기 때문이다.

• **색향기미色香氣味** 차의 색깔과 향기, 그리고 맛을 말한다. 본문에서는 우리나라에서 생산되는 녹차의 색깔과 향기, 맛이 중국 차종에 비해 조금도 다름이 없다는 것을 강조하고 있다.

다른 책에서는 색깔, 향기, 느낌, 맛이라고 번역하기도 한다. 하지만 필자는 기미氣味를 하나의 맛으로 번역했다. 왜냐하면 기氣와 미味가 분리되는 것이 아니라 미味는 반드시 느낌氣으로 나타나기 때문이다. 그래서 일반적으로 색향미色香味와 색향기미色香氣味가 같은 뜻으로 쓰이고 있다.

초의 선사가 여기에서 강조하는 것은 토질과 기후, 그리고 환경에 따라 차의 색향기미가 다르게 나타날 수 있지만 차나무의 본성이 변화하는 것은 아니라는 뜻이다. 그러므로 차가 지니고 있는 진정한 색향기미를 알아야 함을 강조하고 있는 것이다.

이러한 초의 선사의 뜻을 헤아리기 위해서는 차가 가진 외면의 모습보다 내면의 모습에 눈을 돌려야 한다. 입에 전해지는 차맛이 아니라 영혼에 전해지는 차맛을 느껴야 하고, 색과 향기 역시 영혼의 눈과 코로 느껴야 한다. 오랜 기간 정성스런 차생활을 통해 다도의 깊이를 체득해야 비로소 알 수 있는 경지이다.

마치 부처님이 영산회상靈山會上(《법화경》을 설법할 때의 모임)에서 연꽃을 들어보였을 때 오백의 제자 가운데 오직 가섭존자迦葉尊者만이 미소를 지어 부처님께 인가를 받은 것과 다를 바 없다.

• **육안지미陸安之味** '육안차의 맛' 이란 뜻이다. 중국 안휘성 곽산현 육안 지방에서 생산된 차가 특히 맛과 향이 뛰어나다고 한다.

• **몽산약蒙山藥** 몽산차의 약효를 뜻하는 말이다. 중국 사천성 몽산蒙山 지방에서 생산되는 차는 맛보다 약효가 뛰어나다고 전해진다. 좋은 차는 맛과 향도 우수하지만 약으로서의 효능도 뛰어남을 밝히고 있다.

특히 몽산에서도 상청봉上淸峯 부근의 차나무에서 채엽한 차를 고수차古樹茶, 또는 선차仙茶라고 하는데 이러한 상청차上淸茶가 약효가 더 좋다고 한다. 이곳에서 자라는 찻잎은 상봉上峯과 상봉 아래에서 딴 찻잎의 맛과 향이 서로 다르다고 한다.

노인의 얼굴 어린아이 모습으로
되살아나네

還童振枯神驗速 환동진고신험속

八耋顏如天桃紅 팔질안여요도홍

我有乳泉　　　　아유유천

把成秀碧百壽湯 파성수벽백수탕

何以持歸　　　　하이지귀

木覓山前獻海翁 목멱산전헌해옹

마른 고목 되살아나 젊어지듯

신비한 효험 빨라

팔순 노인 얼굴

복숭아꽃처럼 붉다네

우리 집 유천샘물 있어

수벽탕 백수탕을

맛있게 끓인다네

어찌 가지고 돌아가

목멱산 앞 해옹께

갖다드릴 수 있을까

해설 초의 선사가 자신이 머무는 일지암 유천乳泉의 샘물을 탕수湯水로 사용한 것은 그저 우연이 아니다. 초의 선사는 당나라의 시인 이백李白이 형주 땅 옥천사에서 진眞 스님을 만나 함께 차를 마신 이야기를 들려준다. 80세인 진 스님의 얼굴빛이 복숭아꽃처럼 붉고 깨끗해 이백이 그 이유를 물어보니 맑은 차를 많이 마셔 젊음을 되찾았다는 것이다.

초의 선사는 이런 이야기를 통해 일지암 유천의 샘물이 얼마나 좋은지 이미 잘 알고 있었다. 이 샘물로 차를 우려놓으면 그야말로 노인이 젊음을 되찾고 환자의 병이 나으며 누구든 삶의 활기를 되찾을 수 있다는 것이다.

초의 선사는 이런 좋은 차를 혼자 마시기가 미안해 서울 남산의 해옹 홍현주를 떠올리고 있다. 해옹에게 차를 헌공하고 싶지만 서울은 너무 멀어 가져다줄 수 없으니 그 아쉬움을 송으로 읊고 있는 것이다.

초의 선사는 유천의 탁월한 물맛을 객관적으로 인정받고 싶었는지 이 글 뒤 주문에서 유당酉堂 어른을 등장시켜 계속 유천 이야기를 이어간다. 유당 어른은 추사 김정희의 부친인데 초의 선사의 거처인 자우산방에서 하룻밤 유숙하게 된다. 이때 유당 어른은 유천의 물맛을 보고 소락(우유)보다 훨씬 낫다며 칭찬을 한다. 초의 선사는 이 찬사를 기록으로 남겨 우리에게 들려주고 있는 것이다.

이어 초의 선사는 당나라의 소이蘇廙가 저술한 《십육탕품十六湯品》을 언급하면서 탕수의 중요성을 다시 한 번 강조한다. 십육탕품 가운데 제8품인 수벽탕秀碧湯과 제3품인 백수탕百壽湯이 바로 초의가 말하는 좋은 탕수인데 아마도 초의 선사는 이미 일지암의 뛰어난 유천 샘물로 수벽탕과 백수탕을 구현하고 있었던 모양이다.

《십육탕품》 가운데 하나인 수벽탕은 돌로 된 탕기로 물을 끓이는 것의 이로움을 말하고 있다. 돌에는 뛰어난 천지의 기운이 담겨 있어 여기에 찻물을 끓이면 그 기운이 배어나와 혹시 물이 나쁘더라도 독성이 제거되고 좋은 탕수로 변한다는 것이다.

또 백수탕은 사람이 고난을 여러 번 참고 난 후에 완전한 인격이 갖춰지듯 탕수도 열 번 정도 끓인 후에 그 물로 차를 우려야 좋다는 점을 말하고 있다. 이렇게 완숙된 탕수로 차를 우려 마시면 말도 더듬지 않고 판단력이 좋아지며 그 사람의 성품에 생기와 힘이 살아나게 된다는 것이다.

또한 찻잔인 다완에 대한 언급도 있는데 금이나 은제는 탕기로는 괜찮지만 다완으로는 적당하지 않음을 지적하고 있다. 다완은 소박하고 청결한 도자기 다완이 좋다는 것이다. 물론 금이나 은제 다완은 가격 면에서도 부담이 있고 차맛이나 향을 느끼는 데도 도자기 다완보다 못하다 하니 굳이 금은제 다완을 고집할 이유가 없을 듯하다.

이렇게 다기와 탕수 등 알아두어야 할 것이 많지만 다도에 있어 무엇보다 중요한 것은 물론 팽주의 정성과 마음자세이다. 탕기와 다완, 탕수가 조화를 이루고 거기에 이것들을 다루는 팽주의 맑은 마음이 더해져야 비로소 최상의 차가 성취되는 것이다.

무릇 다인이라면 형식에 치우쳐 과시용으로 다도를 해서는 안 된다. 우쭐한 마음에 다인 행세를 하면서 외형적 차생활로 거만을 부리면 차의 맛과 향을 모독하는 것이다. 다인은 무엇보다도 검박하면서 자기를 낮추는 겸손함이 몸에 배야 한다. 그런 순결한 자세가 자연스럽게 드러나도록 덕성이 쌓여야 비로소 차의 진정한 맛과 향이 살아나고, 찻자리에서도 함께 차를 나누는 사람들로 하여금 감화를 불러일으키게 되는 것이다.

 李白云 玉泉眞公 年八十 顏色如桃李 此茗香淸異于他 所以

能還童振枯 而令人長壽也

이백운 옥천진공 년팔십 안색여도리 차명향청이우타 소이 능환동진고
이영인장수야

　　이백이 이르기를 옥천사의 진 스님은 나이 80인데도 얼굴빛이 복숭
아와 오얏꽃처럼 붉고 깨끗했다. 이것은 스님이 마시는 차가 다른 지
방 것과는 다르고 맑기 때문이다. 그러므로 차를 마시면 능히 젊은 아
이의 혈색으로 돌아가고 마른 고목에 생기가 돌 듯 사람으로 하여금
오래도록 수명을 누리게 하는 것이다.

　　唐 蘇廙著 十六湯品 第三品曰 百壽湯人過百忍 水逾十沸 或以話阻
或以事廢 如取用之湯 已生性矣

　당 소이저 십육탕품 제삼품왈 백수탕인과백인 수유십불 혹이화조
　혹이사폐 여취용지탕 기생성의

　　당나라 때 소이가 저술한《십육탕품》중 제3품 백수탕에서 이르기를

158

고난을 여러 번 참고 난 후에 완전한 인격이 갖춰지게 되듯이 탕수도 열 번 정도 끓인 후에 그 물로 차를 우려내 마시게 되면 혹 말을 더듬거나 혹 일을 도모하는 데 판단력이 부족하여 일을 그르치게 될지라도 이미 성품에 생기와 힘이 살아나게 된다고 했다.

敢問皤鬢 蒼顔之老夫還小 執弓扶矢以取中乎 還小雄濶步以邁遠乎

감문파빈 창안지노부환소 집궁부시이취중호 환소웅활보이매원호

감히 묻노니 흰머리 흰수염에 창백한 얼굴의 노인이 다시 젊어져 활을 잡고 화살을 쏘면 과녁에 적중하고 젊은이처럼 씩씩하게 활보하여 멀리 여행길도 갈 수 있겠는가.

第八曰秀碧湯 石凝天地秀氣而賦形者也 琢而爲器 秀猶在焉 其湯不良 未之有也

제팔왈수벽탕 석응천지수기이부형자야 탁이위기 수유재언 기탕불량 미지유야

제8품은 수벽탕이다. 돌은 천지의 뛰어난 기운이 엉겨서 만들어진 것이니 이것을 쪼아서 찻물 달이는 그릇을 만들면 그 안에 천지의 기운이 그대로 남아 있게 된다. 그래서 비록 그 탕수가 불량해도 물을 끓

이면 깨끗한 탕수로 정화되는 것이다.

> 近酉堂大爺 南過頭輪 一宿紫芋山房 嘗其泉曰 味勝酥酪
>
> 근유당대야 남과두륜 일숙자우산방 상기천왈 미승소락

근자에 추사 선생의 부친이신 유당 어른께서 남쪽 두륜산을 지나다가 내가 머무는 자우산방에서 하룻밤을 쉬시게 되었다. 이곳에서 일지암 샘물의 물맛을 보시고는 그 맛이 소락보다 훨씬 뛰어나다고 말씀하셨다.

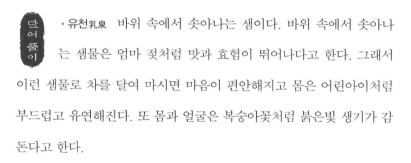

· 유천乳泉　바위 속에서 솟아나는 샘이다. 바위 속에서 솟아나는 샘물은 엄마 젖처럼 맛과 효험이 뛰어나다고 한다. 그래서 이런 샘물로 차를 달여 마시면 마음이 편안해지고 몸은 어린아이처럼 부드럽고 유연해진다. 또 몸과 얼굴은 복숭아꽃처럼 붉은빛 생기가 감돈다고 한다.

이 밖에도 바위 속에서 솟아나는 샘물을 표현한 말은 몇 개 더 있다. 물맛이 달콤하다 하여 예천醴泉, 푸른 옥 같다 하여 옥천玉泉, 붉은빛이 감도는 주사천朱砂泉, 운모雲母(화강암에 들어 있는 규산염 광물)가 어리는 백운천白雲泉, 소나무 뿌리를 스쳐 나오는 복령약천茯苓藥泉 등이다.

• **수벽秀碧 백수탕百壽湯** 수벽탕과 백수탕을 말한다. 당나라 때 소이蘇廙가 저술한 다서茶書《십육탕품》에 열여섯 가지의 찻물을 끓이는 탕품湯品이 나온다. 그 가운데 수벽탕은 제8품이고 백수탕은 제3품에 속한다.

열여섯 가지 탕수를 품별로 보면 다음과 같다.

제1품은 득일탕得一湯이다. 물을 끓이는 화력이 샘솟는 듯하여 완전한 물이 순숙純熟, 즉 더하지도 덜하지도 않게 잘 끓여져서 적평適平을 이루어야 한다.

제2품은 영탕嬰湯이다. 물을 끓이다 말고 차를 넣어 우려내는 것은 차를 모르는 아이에게 차를 달이게 하는 것과 다를 바 없다.

제3품은 백수탕百壽湯이다. 물이 완숙完熟된 탕수로 차를 달여 마시면 혹 말을 더듬는 사람도 말문이 열리고 거동이 불편한 사람도 건강을 회복하여 능히 백세의 수명을 누릴 수 있다.

제4품은 중탕中湯이다. 거문고 줄을 고를 때 줄을 세게 조이면 소리가 날카롭고 느슨하게 풀면 소리에 맥이 빠진다. 거문고 줄을 고르듯 탕수도 완급에 치우치지 않는 중탕이라야 가장 좋은 탕수라 할 수 있다.

제5품은 단맥탕斷脈湯이다. 사람의 맥박이 갑자기 강해지거나 약해지는 등 기복이 심하고, 기혈이 단절되면 결코 장수할 수 없다. 이처럼 탕수도 맥이 끊어지지 않게 조화롭게 끓여 골고루 완숙되어야 훌륭한 차향과 맛이 드러나게 된다.

제6품은 대장탕大壯湯이다. 힘이 넘치는 장정에게 바느질을 맡기거나 일하는 농부에게 책을 주고 선비 노릇을 하게 하는 것은 조화롭지 못하다. 이것은 모두 거친 성품을 말하는데 다인은 언제나 섬세하고 간결해야 하며 겸손해야 한다. 뿐만 아니라 차를 따르는 자세도 조용하고 단정해야 한다. 또 찻잔의 찻물도 6~7부 정도로 적당히 따라야 하는데 마치 드센 장정이 하듯 거칠게 따르면 그윽한 차향과 맛은 넘쳐 달아나고 만다.

제7품은 부귀탕富貴湯이다. 금과 은으로 만든 탕기湯器는 부자라야 쓸 수 있는데 이것은 마치 거문고를 만들 때 오동나무를 쓰듯, 먹을 만들 때 아교를 쓰듯 탕수를 끓이는 데 아주 적절한 다구라 할 수 있다.

제8품은 수벽탕秀碧湯이다. 돌로 만든 다구를 사용하게 되면 돌의 기운이 배어나와 차향과 맛을 더하게 된다. 신라시대 화랑들이 심신수련을 하면서 석조石槽에 물을 끓여 마셨다는 기록이 《삼국유사》에 남아 있다.

제9품은 압일탕壓一湯이다. 금이나 은 제품은 탕기로서는 무난하지만 다완으로는 적합하지 못하다. 따라서 흙을 압축하여 높은 온도에서 구워낸 도자다완陶磁茶碗이 무난하다. 다인의 품격에 맞는 차살림을 준비하는 것에도 지혜로움이 있어야 한다.

제10품은 전구탕纏口湯이다. 다구는 모양을 잘 가려서 구입해야 하고 차의 종류에 따라 적당한 다구를 사용해야 차의 본래 성품을 제대로 느낄 수 있다. 그렇지 않으면 차가 떫고 쓰고 싱겁게 느껴져 온전한 차향과 맛을 알 수 없다.

제11품은 감가탕減加湯이다. 다구를 사용함에 있어 도자기는 가마 속에서 높은 온도로 완전히 구워낸 그릇을 사용해야 한다. 유약이 고르지 못하여 다완에서 흙냄새가 나면 차향과 맛이 온전할 수 없다.

제12품은 법률탕法律湯이다. 탕수를 끓일 때는 나무가 중요하다. 무엇보다 단단한 나무로 만든 숯불에 끓이는 것이 가장 좋다. 물은 고이면 썩게 되고 나무는 불을 만나 타서 없어지는 것을 싫어한다. 이러한 이치로 탕수는 흐르는 샘물이 적합하고 나무는 땔나무보다 숯불에 끓여야 차향과 맛이 온전해진다.

제13품은 일면탕一面湯이다. 풀을 말린 것이나 나뭇가지를 태우고 남은 찌꺼기인 허탄虛炭은 기운이 약해서 탕수를 끓이는 데 반드시 경계해야 한다.

제14품은 소인탕宵人湯이다. 차나무는 신령스런 잎이 발아되는 것이므로 악기惡氣가 섞이면 안 된다. 특히 소똥이나 여러 가축의 똥은 아무리 화력이 좋아도 나쁜 기운이 남아 있으므로 탕수를 할 때는 반드시 멀리해야 한다.

제15품은 적탕賊湯이다. 물을 끓일 때는 좋은 땔나무를 써야 제대로 화력을 낼 수 있다. 대나무 가지나 솜대 같은 것은 피하는 것이 좋다. 체성體性이 허虛하여 불은 잘 타지만 탕수를 끓이는 데 있어 마치 도적 과 같은 이치임을 명심해야 한다.

제16품은 대마탕大魔湯이다. 물을 끓일 때 연기를 피우는 것은 대마 大魔와 같다고 한다. 화력이 아닌 연기불이 탕수에 젖어들게 되면 차향 과 맛이 절대로 살아날 수 없다.

• **목멱산木覓山** 서울 남산의 옛 이름이다.

• **해옹海翁** 홍현주의 호. 홍현주는 목멱산에 살면서 우리나라에서 생산 되는 녹차에 대해 초의에게 질문했고 이에 대한 초의의 화답이《동다 송》이다. 홍현주는 정조의 부마로 뛰어난 사대부였지만 차의 성품과 차의 향미香味에 대해 구체적으로 알지 못했다. 그 당시 사대부들도 대 부분 차에 대한 전문 지식이 거의 없었다.

구난을 극복하면 사향이 온전하여라

又有   우유

九難四香玄妙用   구난사향현묘용

何以教汝   하이교여

玉浮臺上坐禪衆   옥부대상좌선중

九難不犯四香全   구난불범사향전

至味可獻九重供   지미가헌구중공

또 있나니

구난九難과 사향四香은

헤아릴 수 없이 미묘하니

어찌 그대들에게 가르쳐주겠는가

옥부대 위에 좌선하는

선중들이여

구난을 범하지 않아야

사향이 온전할 수 있나니

지극한 차맛 구중에

공양으로 올릴 만하다네

초의 선사는 《다경》과 《만보전서》를 인용하여 차를 만들 때 겪게 되는 아홉 가지 어려움(九難)과 본래 차가 가지고 있는 네 가지 향기(四香)에 대해 말하고 있다. 여기서 구난과 사향은 따로 존재하는 것이 아니라 서로 긴밀히 연결되어 있다. 즉 초의는 구난을 극복한 후에야 비로소 사향이 온전히 드러난다고 말하고 있는 것이다.

이것은 비단 다도에 임하는 자세만을 말하는 것이 아니다. 인간만사 역시 고진감래苦盡甘來의 이치에 따라 흘러가는 것이니 일반인은 물론이거니와 수행자도 고난을 극복한 후에야 자신이 원하는 것을 얻을 수 있는 것이다. 초의는 늘 이렇게 인성人性과 다성茶性을 동일하게 보고 있다.

육우의 《다경》에 나오는 구난九難은 참으로 세세한 점까지 나누어 점검하고 있다. 조다법造茶法을 시작으로 차 감별법과 다구의 문제, 불과 물의 중요성, 차를 덖는 이치, 말차 가루를 만드는 법과 차를 달이고 마시는 것까지 순차대로 나열하여 밝히고 있다.

166

이것만 보아도 차를 만들어 마시는 일이 그저 소일거리가 아니라 품격과 도리가 담긴 하나의 수행임을 분명히 알 수 있다. 이런 어려운 난제를 극복해야 차가 가진 아름다운 네 가지 향기를 맛볼 수 있는 것이니 다선일미가 까닭 없이 나온 말이 아닌 것이다.

초의 선사는 한 잔의 차를 만드는 길이 이렇게 멀고 험한데 이를 무시하고 엉터리 차를 만드는 사람들이 있다고 밝히고 있다. 뜻밖에도 이들은 선원의 스님들이다. 칠불선원七佛禪院에 안거하고 있는 스님들이 찻잎을 따서 법제해 마시는 과정이 낱낱이 소개되고 있는데 듣기에 민망할 지경이다. 그곳 스님들은 좋은 차를 구별할 줄도 몰라 노쇠한 찻잎을 따고, 또한 올바른 법제 방법도 몰라 마치 땔감처럼 말리고 나물국처럼 삶아 차색이 탁하고 붉으며 차맛은 매우 쓰고 떫어졌다는 것이다.

설령 좋은 차와 찻물, 다구, 다완을 가지고 있다 해도 올바른 법제 방법을 모르면 사향四香은커녕 차 한 방울도 제대로 만들어 낼 수 없다. 이는 본래 차가 가진 순수하고 맑은 다성茶性을 길바닥에 내다버리는 것이나 다름없다. 그래서 초의 선사는 선원 스님들의 속된 차솜씨를 질타함과 동시에 연민의 마음으로 안타까움을 표하고 있는 것이다.

참고로 주문註文 뒷부분에 '정소운政所云'이란 말이 나오는데 다른 책에는 이를 사람 이름, 혹은 부사로 해석하기도 한다. 하지만 '정政'은 바를 '정正'과 같은 뜻을 담고 있으니 '(초의 선사 자신이) 바르게 평가해 말한다면' 정도로 해석하는 것이 옳다고 본다.

다도란 차를 내는 사람과 손님이 마주앉아 가벼운 덕담을 나누고 서로 화합과 조화의 분위기를 만드는 것이다. 또 다도에 임하는 공간은 차가 가진 덕성에 어울리게 자연스런 공간이어야 하며 그러한 공간에 놓인 다구도 가지런히 놓여 있어야 한다. 차를 내는 사람과 손님은 서로를 존중하고 순응하는 마음으로 대해야 하고, 되도록 몸과 마음을 깨끗이 해 삿된 기운이 스미지 않게 해야 한다.

이러한 맑은 자리에 하나 더할 것이 있으니 그것은 바로 침묵이다. 말수를 줄여 되도록 적정寂靜을 즐겨야 이런 깊은 고요 속에서 비로소 차의 본질인 사향이 드러나는 것이다.

이러한 차생활의 경지를 옛 어른들은 다음과 같은 시어로 읊고 있다.

虛空境界豈思量　허공경계기사량

大道淸幽理更長　대도청유이갱장

허공의 경계를

어찌 다 헤아릴 수 있겠는가

대도는 맑고 깊으며

진리는 영원하도다

사향四香은 참 향기, 난초 향기, 맑은 향기, 순수한 향기인데 초의는 우주의 모든 생명체가 이 사향의 미덕을 가지고 있다고 한다. 그러나 사향은 쉽게 찾아지는 것도 아니고 쉽게 얻어지는 것도 아니다. 그렇다고 없는 것은 더더욱 아니다. '허공의 경계를 알 수 없지만 대도의 진리는 영원하다.' 는 위의 시구처럼 사향은 언제나 우리 내면 깊은 곳에 내재되어 있다.

이 사향을 만나는 방법은 그리 간단치가 않다.《다경》의 구난 九難을 빗대어 말한다면 이렇게 말할 수 있을 것이다.

사향을 만나려면 우선 자신을 잘 만들고, 선악을 구별하여 욕심을 조절할 줄 알아야 한다. 또 화를 제어할 줄 알아야 하고, 모든 것에 순응하는 물처럼 남을 용서할 줄 알아야 한다. 나아가 자신의 마음을 늘 거울처럼 닦아 티끌이 머물지 않게 하고, 마음이 가는 길을 잘 살펴 항상 자신이 있는 본래 그 자리를 알아차려야 한다.

물론 결코 쉽지 않은 일이겠지만 이러한 수승한 경지에 닿아야 비로소 네 가지 아름다운 향기를 맡을 수 있는 것이다. 이 네 가지 향기는 바로 인간과 자연이 합일된 깨달음의 향기이며 환희의 향기에 다름 아니다.

　눈보라치는 매서운 겨울이 지나면 봄이 오는데 이 봄을 알리는 전령이 바로 매화이다. 매화의 향, 즉 매향은 그냥 얻어진 게 아니다. 한겨울 내내 칼날 같은 찬바람을 참고, 깨질 듯한 추위를 참고 마침내 꽃이 피고 매향으로 번지는 것이다. 그러므로 매향은 본질적으로 다향과 다르지 않다. 인고의 세월 뒤에서 고난을 딛고 마침내 드러나는 향기라는 공통점이 있다.

　우리는 인간의 본성도 이와 같음을 인식해야 한다. 구난을 극복해야, 아니 구십구난을 극복해야 그 뒤에 마침내 환희와 깨달음의 향기가 드러남을 분명히 알아야 한다.

　초의 선사는 이런 말을 남겼다. "만일 다성茶性을 완전히 이해했다면 그 경지는 인간이 도달할 수 있는 최후의 깨달음에 버금갈 것이다."

　과연 다성茶聖다운 말이다.

茶經云 茶有九難 一曰造 二曰別 三曰器 四曰火 五曰水 六曰
炙 七曰抹 八曰煮 九曰飲

다경운 다유구난 일왈조 이왈별 삼왈기 사왈화 오왈수 육왈구 칠왈말
팔왈자 구왈음

《다경》에 이르기를 차에는 아홉 가지 극복해야 할 어려움이 있으니 첫째, 좋은 차를 제조하기가 어렵다. 둘째, 좋은 차를 감별하기가 어렵다. 셋째, 좋은 다기를 준비하기가 어렵다. 넷째, 차를 끓이는 데 불을 잘 다루기가 어렵다. 다섯째, 좋은 물을 선택하여 얻기가 어렵다. 여섯째, 차를 적당히 잘 덖기가 어렵다. 일곱째, 좋은 말차 가루를 내기가 어렵다. 여덟째, 차를 잘 달이기가 어렵다. 아홉째, 예법에 맞게 차를 마시기가 어렵다.

陰採夜焙非造也 嚼味嗅香非別也 羶鼎腥甌非器也 膏薪庖炭非火也
飛湍壅潦非水也 外熟內生非炙也 碧粉飄塵非抹也 操艱攪遽非煮也
夏興冬廢非飲也

음채야배비조야 작미후향비별야 전정성구비기야 고신포탄비화야 비단옹료비수야
외숙내생비적야 벽분표진비말야 조간교거비자야 하흥동폐비음야

흐린 날씨에 찻잎을 따거나 밤에 말리는 것은 올바른 제조법이라 할

수 없다. 차를 씹어 맛보거나 코로 냄새 맡는 것은 올바른 감별법이라 할 수 없다. 노린내 나는 솥과 비린내 나는 그릇은 좋은 차를 만드는 그릇이 될 수 없다. 생나무나 덜 탄 숯은 차를 달이는 데 올바른 불이 될 수 없다. 폭포수로 떨어져서 날리는 물과 장마로 고인 물은 올바른 찻물이 될 수 없다.

겉은 익은 듯하나 속은 익지 않은 것은 올바른 덖음차라 할 수 없다. 푸른 찻잎이 먼지처럼 날리면 올바른 말차라 할 수 없다. 조급하게 함부로 휘젓는 것은 차 달이는 바른 법이라 할 수 없다. 여름에는 차를 마시고 겨울에는 차를 마시지 않는 것은 올바른 차생활의 자세라 할 수 없다.

萬寶全書 茶有眞香 蘭香 淸香 純香 表裡如一曰純香 不生不熟曰 淸香 火候均停曰蘭香 雨前神具曰眞香 此謂四香

만보전서 차유진향 난향 청향 순향 표리여일왈순향 불생불숙왈청향
화후균정왈난향 우전신구왈진향 차위사향

《만보전서》에 보면 차에는 진향, 난향, 청향, 순향의 네 가지 향기가 있어야 한다고 했다. 첫째, 찻잎의 표면과 속이 고르게 덖어져야 순향이 있고, 둘째, 찻잎이 덜 익지도 않고 지나치게 익지도 않아야 청향이 있으며, 셋째, 찻잎을 덖는 불기운이 골고루 퍼져야 난향이 있고, 넷

째, 곡우 전에 찻잎을 따서 차에 신비한 기운이 감돌아야 진향이 있다고 했다. 이것을 일러 네 가지 향이라 한다.

智異山 花開洞 茶樹羅生四五十里 東國茶田之廣 料無過此者

지리산 화개동 다수라생사오십리 동국다전지광 요무과차자

지리산 화개동에는 차나무들이 사오십 리 펼쳐져 자라고 있다. 우리나라에서 자연조건의 차밭으로 이보다 더 넓은 곳은 없다.

洞有玉浮臺 臺下有七佛禪院 坐禪者 常晚取老葉 晒乾然柴煮鼎 如烹茱羹 濃濁色赤 味甚苦澁

政所云 天下好茶 茶爲俗手所壞

동유옥부대 대하유칠불선원 좌선자 상만취노엽 쇄건연시자정 여팽채갱 농탁색적 미심고삽 정소운 천하호다 다위속수소괴

화개동에는 옥부대가 있는데 칠불선원 아래에 있어 스님들이 그곳에 앉아 참선을 하기도 한다. 그곳 스님들은 늘 철늦은 노엽老葉을 채취하여 햇볕에 말려 솥에 넣고 덖는다는 것이 마치 나물국 끓이듯 하니 그 찻잎에서 우러난 농탁한 것이 색깔은 붉고 그 차맛은 심히 쓰고

떫기가 말로 표현할 수가 없다. 바르게 평가해 말한다면, 천하에 좋은 찻잎을 얻어놓고도 차 만드는 솜씨가 속되어 차의 본성을 무너뜨리고 말았다고 할 수밖에 없다.

단어풀이

• **구난九難** 차를 만들 때 만나는 아홉 가지 어려움을 말한다. 육우의 《다경》에 나오는 말로 조造(차 만들기), 별別(차 식별하기), 기器(다구 준비하고 다루기), 화火(불 다루기), 수水(물 가리기), 적炙(차 덖기), 말抹(차 가루내기), 자煮(차 달이기), 음飮(차 마시기)의 아홉 가지 어려움을 구난이라고 한다.

• **사향四香** 차의 네 가지 향기를 말한다. 청나라 때 모환문이 지은 《만보전서》에 나오는 말로 진향眞香, 난향蘭香, 청향淸香, 순향純香을 사향이라고 한다.

• **현묘용玄妙用** 헤아릴 수 없이 깊고 미묘한 작용이라는 뜻이다. 차맛은 마셔 본 사람만 그 깊고 미묘한 느낌을 알 수 있으므로 이를 강조하는 말이다. 달리 말하면 언어로 설명하는 데 한계가 있다는 의미이다.

특히 차의 색과 향기는 어느 정도 기준을 가지고 말할 수 있지만 차맛은 상대적 개념이므로 현묘玄妙라고 하는 것이다.

차맛은 차를 마시는 사람에게 평등하게 주어지지만 그 맛을 표현하는 사람은 각각 다르게 말한다. 이것은 마치 누구나 불성佛性을 가지고 있어 평등하지만 저마다 다르게 이해하는 것과 같은 이치이다.

이 때문에 차茶와 선禪을 하나라고 말하는 것이다. 이 우주 속의 모든 생명체가 불성을 가지고 있듯이 누구나 차가 가진 본질의 일미一昧를 느낄 수 있는 다성茶性을 가지고 있다. 이러한 다성은 오랜 시간 지극한 정성을 통해 행다行茶의 수련을 쌓아야 비로소 드러나게 된다.

그러므로 초의 선사는 인성人性의 바탕이 저마다 다르다 해도 선정禪定을 닦음으로 해서 불성이 동일하게 나타나듯이 다성 역시 구난九難을 잘 극복해야 비로소 사향四香이 온전하게 드러남을 말하고 있는 것이다.

• 옥부대玉浮臺 지리산 쌍계사 칠불선원에서 공부하는 스님들이 앉아 수행하는 자연 속의 넓은 바위를 말한다. 산속 바위에 앉아 펼쳐진 경치를 바라보고 있으면 온 세상이 눈 아래에 있고 자신은 존귀한 옥부대에 앉아 있는 것 같다 하여 붙여진 이름이다.

• 구중공九重供 임금이 사는 궁궐에 공양한다는 뜻이다. 예로부터 임금이 거처하는 곳에 들어가려면 여러 개의 문을 지나야 하므로 구중궁궐

이라 했다. 초의 선사는 차를 만드는 아홉 가지 어려움을 극복해내고 사향이 가득한 차를 만들었으니 이런 차는 임금께 헌상품으로 올려도 손색이 없음을 말하고 있는 것이다.

차향기 온몸에 퍼져 신선 풍모
옥동자 모습이네

翠濤綠香纔入朝 취도녹향재입조

聰明四達無滯壅 총명사달무체옹

矧爾靈根托神山 신이영근탁신산

仙風玉骨自另種 선풍옥골자영종

일렁이는 비취빛 파도 같은 푸른 차향기

일찍 온몸에 스며들고

총명한 푸른 녹차의 향기여

사통팔달 막힘이 없네

살며시 미소 짓는 그대여

신령스런 뿌리 신산神山을 의지했네

신선의 풍모 옥처럼 맑은 모습이여

스스로 특별한 종자라네

다인이라면 누구나 다선茶扇(가루차가 물에 잘 풀리도록 젓는 기구)을 들고 말차를 휘저을 때 구름 같은 바탕에 별빛 같은 크고 작은 기포가 일렁이는 것을 보았을 것이다. 또 녹차를 우려 놓았을 때 맑은 청취색青翠色을 띠는 것도 보았을 것이다.

초의 선사는 이렇게 좋은 품질의 녹차와 말차의 색을 일러주며 우리에게 차에 대한 안목을 높여 올바른 차생활을 할 것을 권하고 있다.

한때 필자에게 가르침을 준 효당 선생은 말차를 마시는 바른 마음가짐에 대해 이렇게 말한 적이 있다. "말차를 마실 때는 항상 둥근 다완을 우주로 생각하고 경앙하는 마음으로 두 손으로 받쳐들어야 한다. 또 다완 속에 담긴 말차의 색이 푸르른 것은 하늘로 여기고, 크고 작은 기포는 밤하늘의 별빛으로 생각하라. 그래서 그 하늘과 별빛의 온전한 정기를 내가 마신다는 마음으로 말차를 마셔야 한다."고 했다.

소박한 한 잔의 차이지만 그 안에서 우주를 느끼고 하늘과 별빛의 정기를 생각하며 마신다면 그냥 마시는 차와는 완전히 느낌이 다를 것이다. 그런 차에는 엄숙함과 경건함이 깃들고 무릇 차 한 잔을 통해 우주의 섭리를 이해하는 기분이 들 것이다. 차는 바로 이렇게 마셔야 제대로 마시는 것이다.

명나라의 왕상진은 작은 말차 다완에 일렁이는 푸른빛을 취도翠濤라고 표현했다. 취도란 '푸른 파도'라는 말이니 작은 다완의 공간을 바다로 치환해보는 그 안목이 참으로 넓고 지혜로워 보인다. 효당 선생이 다완 속에서 하늘과 별빛을 보는 것과 같은 경지이다.

이번 송에는 취도에 이어 바로 녹향綠香이란 말이 이어진다. 여기서 녹향을 보는 시각은 둘로 나눌 수 있는데, 그중 하나는 녹향을 푸른 파도〔翠濤〕 때문에 일렁이는 차향茶香으로 보는 것이다. 다른 하나는 취도를 말차로 보고 녹향을 잎차로 보는 것인데 필자는 후자로 해석하고 있다.

초의 선사는 또 좋은 말차와 녹차의 향기를 극찬하여 표현하고 있다. 즉 좋은 차의 향기가 사통팔달四通八達의 귀재鬼才와 다를 바 없다는 것이다.

뿐만 아니라 초의 선사는 차나무의 잎눈이 터져 촉수를 내밀고 뾰족이 나오는 모습을 '신이哂爾'라고 표현했다. 신이란 살며시 잇몸을 드러내는 듯 마는 듯 미소 짓는 것을 뜻하는 말이니 참으로 예리한 시각이 아닐 수 없다. 이것은 차나무를 단순히 한 그루 식물로 대하는 것이 아니라 우주 안에 존재하는 소중한 생명체로 대하기 때문에 가능한 표현이라 하겠다.

또한 초의 선사는 차나무의 모습을 깨끗한 선비의 풍모에 비유하기도 한다. 그래서 여느 잡목종雜木種과 다르다는 것을 알리기 위해 영종另種이라는 표현을 썼다. 다른 종과 달리 차나무는 선풍옥골仙風玉骨을 지녔다는 것이다. 그래서 초의 선사는 다인이라면 무릇 차나무를 대할 때 경건한 몸과 마음가짐을 가져야 한다고 은근히 강조하고 있다.

물론 일반인이라면 차나무와 일반 잡목종이 하등 다를 바가 없을 것이다. 하지만 다인은 다르다. 진정한 다인이라면 차나무를 대할 때 마치 성상聖像을 마주한 것처럼 엄숙함과 존경을 표하고 그런 마음가짐으로 차를 마셔야 한다.

명나라 문인 진계유陳繼儒(1558~1639)는 차나무를 찬양해 노래하면서 차밭을 푸른 비단결로 덮어놓은 듯하다고 묘사했다. 또 온종일 차향에 취해 집으로 돌아갈 마음조차 잊어버렸다고 했다. 차밭을 비단결로 묘사한 것도 참으로 아름답지만 차향에 취해 집으로 돌아갈 마음을 잊었다니 그 경지가 사뭇 경이롭다.

바로 이러한 경지를 일러 다심일여茶心一如의 경지라 할 수 있겠는데, 이것은 곧 초의 선사가 행다를 통해 수행을 실천한 다선일여茶禪一如, 다선일미茶禪一味의 경지와 상통하는 것이다.

入朝于心君 茶序曰 甌泛翠濤 碾飛綠屑

입조우심군 다서왈 구범취도 연비녹설

마음에 차향이 일찍 들어오니 〈다서茶序〉에 이르기를 '잔 위에 푸른 파도 떠오르고 맷돌에서는 녹색 찻가루 날린다.'고 했다.

'처음 심군心君(마음을 일컬음)에 차향이 들어오니'라고 했으니 '입조入朝'를 '조정에 들다'라고 번역하면 문맥이 통하지 않는다. 조朝는 '일찍 조早'와 같은 뜻으로 봐야 한다. 따라서 본문의 의미는 푸른빛 다색茶色에 은은한 녹차의 향기가 벌써 마음과 온몸에 스며드는 것을 표현한 것이다.

〈다서〉는 명나라의 왕상진王象晉이 쓴 《군방보群芳譜》에 실려 있는 〈다보소서茶譜小序〉를 가리킨다.

구범취도甌泛翠濤는 말차를 휘저을 때 다완에 푸른빛 파도가 일렁이며 크고 작은 기포가 발생하는데 이 형상을 표현한 것이다. 또한 말차 가루를 내기 위해 맷돌을 돌릴 때 푸른 찻잎가루가 날린다는 뜻으로 구범취도에 연비碾飛하는 녹설綠屑이라고 표현한 것이다.

又云 茶以靑翠爲勝 濤以藍白爲佳 黃黑紅昏 俱不入品 雲濤爲上
翠濤爲中 黃濤爲下

우운 다이청취위승 도이람백위가 황흑홍혼 구불입품 운도위상 취도위중 황도위하

장원張源의 《다록》에 또 이르기를 차에는 청취색이 으뜸이고, 말차
색에는 남색이면서 흰색이 감도는 것을 아름답다고 하고, 누런색이나
검은색, 혹은 붉은색과 흐린 색은 모두 품수에 들지 못한다고 했다. 따
라서 말차를 휘저을 때 구름같이 크고 작은 기포가 떠다니는 것을 상
품이라 하고, 푸른색만 일렁이는 것은 중품, 그리고 색이 누렇게 일어
나면 하품으로 본다고 했다.

이것은 우려마시는 녹차의 차색과 가루차인 말차의 차색이 다
르게 나타날 수 있고, 특히 말차는 저을 때 구름같이 크고 작은
기포가 잘 어우러져야 좋은 차라는 의미이다.

陳糜公詩

진미공시

진미공은 명나라의 문인 진계유를 말하는데, 미공糜公은 그의

호이다. 그의 다시茶詩를 옮겨본다.

綺陰攢盖　기음찬개

靈草試旗　영초시기

竹爐幽討　죽로유토

松火怒飛　송화노비

水交以淡　수교이담

茗戰以肥　명전이비

綠香滿路　녹향만로

永日忘歸　영일망귀

비단그늘 찻잎 온 산천 덮였나니

신령스런 찻잎 비로소 촉수를 내미네

죽로를 찾아 깊이 찻물 달이니

솔가지 불티가 날아오르네

찻잎은 물을 만나 담박한 빛

차놀이가 더욱 풍요롭다네

푸른 차향 길가에 가득하니

온종일 집으로 돌아갈 길 잊었네

이것은 차밭에 펼쳐진 차나무가 마치 비단그늘로 덮인 듯한 느낌을 주고, 신령스런 찻잎이 깃대를 시험하듯 촉수를 틔우고 있음을 표현하고 있다. 또 찻물을 달이는 죽로를 찾아내 불을 지피니 솔가지 불티가 활활 타오르는 불꽃에 화난 듯 날리는 모습을 그렸다. 찻잎은 비로소 좋은 물을 만나 담박한 빛과 향기가 발하고, 길가에 펼쳐진 차밭을 거닐다보니 온종일 집에 돌아갈 생각조차 잊어버리고 차향에 취했다는 말이다. 차향에 취한 다인의 순수한 마음이 잘 표현된 시이다.

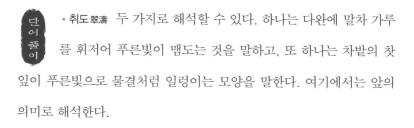

• **취도**翠濤　두 가지로 해석할 수 있다. 하나는 다완에 말차 가루를 휘저어 푸른빛이 맴도는 것을 말하고, 또 하나는 차밭의 찻잎이 푸른빛으로 물결처럼 일렁이는 모양을 말한다. 여기에서는 앞의 의미로 해석한다.

• **녹향**綠香　푸른 찻잎을 따서 물에 우려낸 차향을 말한다. 일반적으로 차를 녹차라 하고 녹향綠香은 녹차의 향기를 말한다.

• **입조**入朝　조朝는 조부와 통용하므로 '차 향기가 일찍 온몸에 퍼져들

어온다.'는 뜻을 담고 있다. 그런데 '취도녹향차翠濤綠香茶'를 '조정에 들고 간다.'라고 해석하는 것은 본문에 대한 올바른 이해가 아니다. 《동다송》이란 초의 선사 자신이 차를 예찬한 것인 만큼 '한 잔 취도의 녹향이 몸에 들어오니 신비한 미인과 다를 바 없다.'는 뜻이다.

• **총명사달**聰明四達　사람이 사통팔달四通八達의 총명한 재주를 가지고 있으면 팔방미인八方美人이라고도 한다. 즉 초의 선사가 차나무를 뛰어난 미인美人에 비유하여 일컬은 말이다.

• **신이**矧爾　살며시 미소 짓는다는 뜻이다. 신소矧笑란 잇몸을 살며시 드러내고 웃는 모양을 말하는데 다엽茶葉이 처음 발아할 때 뾰족한 촉수가 마치 잇몸을 드러내고 웃는 모양 같아 이를 표현한 것이다. '이爾' 자는 다성茶性을 가리키는 말인데 초의 선사는 다성茶性과 불성佛性을 하나의 생명체로 보고 이렇게 표현했다.

• **영근**靈根　신령스러운 뿌리라는 뜻이다. 차나무의 뿌리를 신령스럽다고 한 것은 차나무가 자라는 곳이 대부분 명산심곡名山深谷이고 이곳에서 맑은 공기와 이슬을 머금고 자라기 때문이다. 그래서 바로 이어서 신산神山에 의탁해 자란다고 말한 것이다. 여기서 신산이란 금강산, 지

리산, 한라산의 삼신산三神山을 가리키는 말이지만, 이 송에서는 지리산을 말한다. 지리산이 예로부터 차나무가 성장하기 좋은 조건을 갖추고 있기 때문이다.

• **선풍옥골仙風玉骨** 사람의 체형이 훌륭함을 말할 때 쓰는 말로 신선의 풍모와 옥빛처럼 맑은 기골을 갖췄다는 뜻이다. 즉 차나무가 성장하는 모습이 마치 청정한 신선의 모습 같다 하여 높이 평가해 이르는 말이다. 본래 차는 신선의 풍모에 옥빛처럼 맑고 순수하여 그 차나무 앞에 고개 숙여 엄숙함을 표하기도 했으니 초의 선사가 차나무를 대하는 마음을 드러내는 표현이기도 하다. 우리의 전통 결혼식에서도 신주信酒를 대신해 신랑과 신부가 차를 나누어 마시며 변치 않는 절개를 약조하기도 했다.

삼매의 차솜씨에 맴도는 기이한 차향기여

綠芽紫筍穿雲根   녹아자순천운근

胡靴犎臆皺水紋   호화봉억추수문

吸盡瀼瀼淸夜露   흡진양양청야로

三昧手中上奇芬   삼매수중상기분

녹아차와 자순차여

구름 속 돌부리 뚫고 나와

오랑캐 신발 들소 목주름에

물결무늬 주름이어라

간밤 맑은 이슬

흠뻑 머금은 잎

삼매의 솜씨로 차를 달이니

기이한 차향이 피어오르네

초의 선사는 찻잎이 처음 발아하는 과정을 다양하게 비유하여 설명하고 있다. 그런 다음 어떤 모양의 찻잎이 상품인지, 또 차나무가 어떤 환경에서 자라야 좋은지 등을 구분하여 밝히고 있다.

차나무가 자라는 데 가장 좋은 환경은 심산유곡의 돌 틈이라고 한다. 이런 곳에서 자란 찻잎이 최상의 맛을 내려면 자색의 잎이 뾰족이 올라올 때 채취하는 것이 좋다. 이것을 일러 자순紫筍이라 한다.

자순 다음의 품질은 찻잎에 쭈글쭈글한 주름이 피어난 것이다. 찻잎이 발아할 때 마치 오랑캐들이 신고 다니는 신발 앞코같이 뾰족하면서 쭈글쭈글한 주름이 피어나는데 이것을 채취하면 상품 다음의 품질이 된다고 한다.

또 들소의 목덜미처럼 주름이 생긴 것과 잔물결이 일렁이듯 주름이 진 찻잎도 역시 위와 같은 품질로 분류한다.

그 다음 품질은 이미 찻잎이 녹색으로 펴진 것인데 이를 채취해 차를 우리면 그 다음 품질이 된다는 것이다.

초의 선사는 마치 자비로운 엄마가 아이를 키우면서 성장과정을 지켜보듯 차나무를 세심히 관찰하고 있다. 차나무의 잎이 발아하는 과정을 지켜보면서 자색으로 돌돌 말린 모양과 다시 이것이 변해 주름이 생기고, 다시 녹색으로 펼쳐지는 전 과정을 통해 찻잎의 맛과 향을 구별하여 설명하고 있는 것이다. 이것만 보아도 차에 대한 초의 선사의 사랑이 어느 정도였는지 가히 짐작이 가고도 남는다.

또 초의 선사는 차를 따는 시기에 대해서도 언급하고 있다. 중국에서는 곡우 전후에 주로 차를 따는데, 우리나라 기후로는 곡우 전후는 빠르고 입하 전후가 적기라고 한다. 기상예보도 없던 그 옛날에 이런 점까지 헤아린 걸 보면 초의 선사는 가히 동다의 전문가를 넘어 신의 경지에 닿아 있었던 모양이다.

이뿐 아니라 초의 선사는 차를 따는 시간과 날씨까지 배려하고 있다. 최상품의 찻잎을 따려면 밤새 구름 한 점 없이 맑은 날 밤이슬을 흠뻑 머금은 찻잎을 따야 한다는 것이다. 하지만 흐린 날씨거나 비가 오는 날은 차를 따는 시기로 적당하지 않다고 한다.

또한 초의 선사는 소동파와 겸謙 스님의 인연에 대해 언급하면서 삼매수三昧手라는 경지가 있음을 알려주고 있다. 삼매수는 삼매의 경지에 든 오묘한 솜씨나 재능을 뜻하는 말이다. 차를 다루는 솜씨가 삼매수에 이르게 되면 차의 맛과 향은 최상이 되고 차를 내주는 주인과 손님은 하나로 합일된다.

소동파는 겸 스님이 직접 법제한 차를 마셔보고 감동하여 그 차맛을 몹시 그리워했던 것 같다. 그래서 겸 스님에게 시를 써서 보내며 삼매수라는 말로 겸 스님의 차솜씨를 극찬하고 경의를 표한 것일 터이다.

어떠한 일이든 온 마음으로 몰입하여 오랜 시간 동안 행하다 보면 그 안에서 느껴지는 바가 있다. 그때 느껴진 것은 이전과 다르다. 한 발 더 나아간 것이다. 다인의 마음가짐에도 이와 같은 몰입과 정성이 무엇보다 필요하다. 그저 다선일미를 입으로 외우는 것이 아니라 진솔한 실천이 있어야 한다. 차의 성품과 본질을 하나에서 열까지 꿰고 있는 초의 선사처럼 다인으로서 가져야 할 올바른 자세와 마음가짐을 누누이 되새겨보아야 한다. 그러한 지극한 마음이 놓인 자리에 비로소 다도도 있고 다인도 있는 것이다.

 茶經云 生爛石者爲上 礫壤者次之
다경운 생난석자위상 역양자차지

《다경》에 이르기를 난석, 즉 바위가 토질土質로 산화하는 마사토에서 자란 차나무의 찻잎이 가장 좋은 상품이 되고, 부서진 자갈이 흙으로 토양화된 곳에서 자란 차나무의 찻잎이 다음 품질이 된다고 했다.

又曰 谷中者爲上 花開洞茶田 皆谷中兼爛石矣
우왈 곡중자위상 화개동다전 개곡중겸난석의

또 이르기를 깊은 골짜기에서 자란 찻잎이 상품이 된다고 했는데 지리산 화개동의 차밭은 모두 난석으로 이루어진 깊은 골짜기이다.

茶書又言 茶紫者爲上 皺者次之 綠者次之
다서우언 다자자위상 추자차지 녹자차지

다서에서 또 말하기를 찻잎이 죽순처럼 뾰족이 올라올 때 불그스레한 빛을 띠는 것이 상품이 되고, 쭈글쭈글 주름진 것이 다음 품질이 되고, 완전히 잎이 발아되어 녹색으로 변한 것이 그 다음 품질이 되는 것이다.

如筍者爲上 似芽者次之
여순자위상 사아자차지

죽순처럼 찻잎이 뾰족이 올라오는 것이 상품이 되고, 싹이 발아되어 잎이 퍼지는 것이 다음 품질이 된다고 했다.

其狀如胡人 靴者蹙縮然 如犎牛臆者 廉襜然 如輕飇拂水者 涵澹然 此皆茶之精腴也

기상여호인 화자축축연 여봉우억자 염첨연 여경표불수자 함담연 차개다지정유야

찻잎이 발아하는 모양은 오랑캐들이 신고 다니는 신발코 주름처럼 쭈글쭈글하기도 하고, 들소의 앞가슴 목덜미처럼 주름진 것도 있으며, 가벼운 바람이 불어올 때 수면 위에 잔물결이 이는 듯한 모양도 있다. 이 모든 찻잎의 발아하는 모양은 찻잎의 정수를 표현한 것이다.

茶書云 採茶之候貴及時 太早則香不全 遲則神散 以穀雨前 五日爲 上 後五日次之 後五日又次之

다서운 채다지후귀급시 태조즉향부전 지즉신산 이곡우전 오일위상 후오일차지 후오일우차지

다서에 이르기를 찻잎을 채취할 때는 시기를 잘 맞추는 것이 가장 중요하다. 너무 일찍 찻잎을 채취하면 차향이 온전할 수 없으며 너무

늦게 채취하면 찻잎의 색과 향의 신묘함이 흩어지게 된다.

곡우는 24절기의 하나인데 청명清明과 입하立夏 사이에 해당되며 이른 봄비가 곡식을 키우는 자양분이 된다는 뜻으로 곡우라고 했다. 곡우가 되기 5일 전에 채취한 찻잎이 상품이 되고, 곡우에서 5일 지난 후채취한 찻잎이 다음 품질이고, 또 그 다음 5일 후에 채취한 찻잎이 그다음 품질이 되는 것이다.

然 驗之 東茶 穀雨前後太早 當以立夏前後 爲及時也 其採法 徹夜
無雲 浥露採者爲上 日中採者次之 陰雨下不宜採

연 험지 동다 곡우전후태조 당이입하전후 위급시야 기채법 철야무운

읍로채자위상 일중채자차지 음우하불의채

그러나 내(초의)가 시험해본 결과 우리나라에서 찻잎을 따는 절후로 곡우 전후는 너무 이르다고 본다. 마땅히 입하 전후가 찻잎을 채취하기에 가장 적당하다.

찻잎을 채취하는 방법으로는 밤새 구름 한 점 없이 맑은 날에 밤이슬을 흠뻑 머금은 찻잎을 채취하는 것이 상품이 되고, 해가 뜬 지 한참지나 한낮에 찻잎을 채취하면 다음 품질이 된다.

하지만 흐린 날씨나 이슬비에 가까운 안개비가 내릴 때 찻잎을 채취

하는 것은 마땅한 시기라고 할 수 없다.

老坡送謙師詩曰 노파송겸사시왈

道人曉出南屛山 도인효출남병산
來試點茶三昧手 내시점다삼매수

소동파가 겸 선사에게 보낸 시에 이르기를,

도인께서 이른 새벽 남병산에 나아가
찻잎을 따서
시험 삼아 달여온 차맛은
삼매의 솜씨라네

소동파는 일찍이 겸 스님께서 달여준 차맛을 못 잊어 그 마음
을 시로 읊었다. 소동파가 스님의 차 달이는 솜씨야말로 삼매의
손길이라 칭찬하면서 차의 향과 맛을 즐기는 모습을 엿볼 수 있
다. 겸 스님이 능숙한 솜씨로 직접 찻잎을 따고 법제하여 차를
대접하는 광경이 눈에 선하다.

•**녹아綠芽** 처음 찻잎 순이 발아할 때 연록의 새싹이 돋아나는 것을 말한다.

•**자순紫筍** 대나무 촉수가 올라올 때 자색의 껍질이 벗겨지면서 푸른색 대순이 올라오는 것처럼 찻잎이 발아하기 전에 찻잎의 끝부분 색깔이 자색이 감돌기 때문에 자순紫筍이라 표현했다.

•**운근雲根** 깊은 산골 차밭에 구름이 스쳐갈 때 차나무가 돌 사이에 뿌리 내리고 찻잎을 발아시키는 모습을 표현한 말이다.

•**호화胡靴** '오랑캐 신발'이라는 뜻이다. 예로부터 중원을 중심으로 사방의 소수민족들을 호인胡人이라 지칭한 것에서 나온 말이다. 그러한 오랑캐들이 신고 다니는 신발코 주름이 마치 찻잎이 발아할 때 촉수가 쭈글쭈글한 상태에서 펴지는 모습과 비슷하다 하여 호화라고 표현했다. 즉 찻잎이 처음 발아한 모습을 뜻하니 첫물차를 말한다.

•**봉억犎臆** '들소의 목주름'이라는 뜻이다. 이 또한 들소의 목주름이 쭈글쭈글하니 찻잎이 처음 발아할 때의 모습을 표현한 말이다.

• 수문水紋 잔잔한 호수에 바람이 불 때 잔물결이 일어나는 모습을 표현한 말이다. 찻잎이 서서히 피어나는 모습이 마치 잔물결 무늬와 같다는 뜻으로 쓰였다.

• 흡진吸盡 찻잎이 돌돌 말린 상태에서 잎을 서서히 펼치려면 자양분이 필요한데, 이를 위해 이른 새벽에 내리는 이슬을 흠뻑 마신다는 뜻이다. 마치 신선이 밤이슬만 먹고 산다고 하듯 찻잎도 오로지 이슬만 흠뻑 먹고 자라는 그 청결함을 표현한 것이다.

• 삼매수三昧手 '삼매의 솜씨'라는 뜻으로 차를 다루는 뛰어난 솜씨를 가리키는 말이다. 팽주가 손님을 맞이하여 차를 달일 때 마치 삼매에 몰입한 듯 온 정성을 다해야 함을 이르는 말이기도 하다.

삼매三昧를 중국에서는 '정심행처正心行處'라 번역한다. '바른 마음과 자세를 가지고 행동하는 곳'이라는 뜻이다. 즉 다선일미의 경지에서 행다行茶를 하려면 정심正心을 실천하는 자세로 다도에 임해야 함을 강조하는 말이다. 이러한 삼매의 솜씨로 차를 달여 마시면 완전한 행다의 예법과 더불어 기묘한 차향이 피어오를 수밖에 없으리라.

• 기분奇芬 기이하다. 기묘한 차향이 피어오른다는 뜻이다.

중정은 깊고도 미묘하여 나투기 어려워라

中有玄微妙難顯　　중유현미묘난현

眞精莫教體神分　　진정막교체신분

體神雖全猶恐過中正　체신수전유공과중정

中正不過健靈併　　중정불과건령병

중정에 깊고 미묘함 있어

신묘한 맛 나투기 어렵네

참되고 정미로움이여

수체水體와 다신茶神을 나누지 말지니

수체와 다신이 온전할지라도

오히려 중정中正을 지나칠까 두렵다네

중정을 지나치지 않아야

건실한 차색과 신령한 차맛이 조화롭다네

불교 경전의 모든 가르침을 종합하면 '마음을 닦아 해탈에 이르라.'는 한 마디로 압축될 것이다. 마음은 형상은 없지만 그 작용은 육체의 여러 기관을 통해 나타나 선악을 따지고 미추美醜를 구별하게 된다.

마음 안에는 누구에게나 청정한 성불의 씨앗이 숨어 있는데 어지러운 육체의 작용과 오랜 기간 쌓인 업으로 인해 갖가지 장애가 생긴다. 이 때문에 수행자는 늘 자기 마음을 깊이 성찰하여 헤아려보고 하나씩 장애를 극복해나가야 한다.

다도 역시 수행의 한 방편으로 행하는 것이니 반드시 구도의 마음으로 접근해야 한다. 한 잔의 맑은 차를 얻기 위해 때를 맞춰 찻잎을 채취하고, 올바른 방법으로 법제하여 좋은 물로 우려내는 모든 과정이 마음을 닦는 일과 크게 다르지 않다. 이렇게 수행하는 마음으로 정성을 다해야 비로소 색향미色香味가 드러나 중정의 맛을 가진 미묘한 차가 만들어지는 것이다.

지나치지도 모자라지도 않는 것, 중정은 아름다운 경지이다. 차의 몸이라 할 수 있는 맑고 순수한 찻물과 차의 영혼이라 할 수 있는 색향미가 절묘하게 어우러져야 바로 중정의 맛, 중정의 깊이에 도달하는 것이다.

초의 선사는 이번 송에서 다도茶道를 할 때 반드시 숙지해야 할 요점을 《다록》을 인용하여 자세히 밝히고 있다. 찻잎을 고르는 일부터 시작하여 차를 덖을 때 불의 세기를 조절하는 일, 다관을 순서에 맞게 사용하고 관리하는 일, 찻잎의 양을 적당히 조절하여 차의 향미가 중정의 맛에 이르게 하는 일까지 낱낱이 설명하고 있다.

특히 찻물을 끓이는 포법泡法에 대해서도 언급하고 있는데 여기에도 중정이 꼭 필요하다고 한다. 다관의 물이 지나치게 뜨거우면 차색이 무겁고 맛은 써지며, 반대로 물이 지나치게 식으면 차향이 어우러지지 못하고 맛이 흩어지고 만다는 것이다. 그러므로 찻잎의 양을 조절하는 것도 중요하지만 다관에 담긴 물의 온도도 매우 중요하니 꼭 중정을 지키라는 말이다.

초의 선사는 또 차를 마시는 법에 대해서도 말하고 있는데 팽주로부터 차를 받았으면 너무 지체하지 말라고 이른다. 흔히 차를 받아두고 이런저런 이야기에 빠져 식은 차를 마시는 경우가 있는데 이렇게 하면 차의 미묘한 향과 맛이 모두 달아나버린다는 것이다. 그러니 차를 마시는 법에도 완급의 조화로운 순간, 즉 중정의 도리가 있는 셈이다.

여기서 추사 김정희의 시구 두 행을 감상해보자.

靜坐處茶半香初 　정좌처다반향초

妙用時水流花開 　묘용시수류화개

고요히 앉아 반 잔 마신 차

향기는 처음 그대로

미묘히 작용을 일으키는 때에

물은 흐르고 꽃은 피는 것을

추사가 고요히 앉아 차를 마시고 있다. 반 잔을 비우도록 향기
는 처음 그대로이다. 찻자리를 마련함에 있어 이미 중정中正의
도를 지켰으니 맑은 수도자의 마음과 다름없다. 장애 없이 해탈
의 자유를 누리는 묘용妙用의 경지이다.

바로 그런 때에 물이 흐르고 꽃이 피어난다. 차 한 잔을 통해
삼라만상을 이해하고 눈앞의 현상을 차별 없이 바라보는 추사의
지혜로운 시각이 담긴 시다.

물 흐르고 꽃 피는 것을 무심으로 대하면 무진 설법 아닌 것이
없다. 한 잔의 차 속에 피어오르는 색향기미色香氣味 역시 다신茶神
의 숨결이며 무진無盡 설법에 다름 아니다. 인간의 내면에 담긴
우주의 본체와 천진불天眞佛을 감응하게 한다면 거기에서 바로

무진 법문을 듣는 귀가 열리고 나아가 해탈의 기쁨과 깨달음의 환희가 더불어 존재할 것이다.

대자대비의 실천자인 관세음보살은 중생에게 감로수를 뿌려 탐욕의 굶주림과 갈증을 해소하게 하고 본래 청정한 마음의 본성을 깨닫게 한다. 이와 마찬가지로 다도를 행하는 사람도 마음의 바탕에 자비심을 두고 무엇을 하든 정성과 나눔의 이타행利他行을 행할 줄 알아야 한다. 자비심이란 무아적無我的 봉사정신이니 이것은 중정으로 잘 우려낸 한 잔의 차와 같이 우리 모두의 마음을 환희롭게 해준다. 그러므로 이러한 도리를 안 연후에야 진정한 다인이라 할 수 있을 것이다.

 造茶篇云 新採揀去老葉 熱鍋焙之候 鍋極熱 始下茶急炒 火
不可緩

조다편운 신채간거노엽 열과배지후 과극열 시하다급초 화불가완

《다록》의 〈조다造茶〉 편에 이르기를 햇차를 채취할 때는 묵은 찻잎을 잘 골라내야 한다. 또 차를 덖을 때는 불기운이 극에 달한 솥에 찻잎을 넣어 급히 덖어야 하므로 불기운이 서서히 달아오르게 해서는 안 된다.

待熟方退 徹入篩中 輕團挪數遍 復下鍋中 漸漸減火 焙乾爲度 中有
玄微 難以言顯

대숙방퇴 철입사중 경단나수편 부하과중 점점감화 배건위도 중유현미 난이언현

찻잎이 어느 정도 풋기가 가시고 덖어졌다 싶으면 끄집어내 대나무
소쿠리에 넣어 가볍게 비벼야 한다. 몇 차례 반복하다가 다시 솥에 넣
어 불기운이 점점 식으면 끄집어내 다시 말려야 하는데 이때 중정의
도를 지켜야 한다. 이렇게 중정의 도가 알맞게 되면 깊고 미묘한 차의
향과 맛이 드러나게 되는데 이것을 말로 표현하기란 어려운 것이다.

泉品云 茶者水之神 水者茶之體 非眞水 莫顯其神 非眞茶 莫窺其體

천품운 다자수지신 수자다지체 비진수 막현기신 비진다 막규기체

《다록》에서 천품泉品(샘물의 품질)에 이르기를 냄새도 없고 향기도 없
고 색깔도 없는 담박한 물의 입장에서 보면 차는 물이 좋고 나쁨을 드
러내는 정신이며, 차의 입장에서 보면 좋은 차는 좋은 물을 만나야 색
향미가 드러나므로 좋은 물은 차의 몸에 해당한다고 할 수 있다. 그러
므로 참된 물이 아니면 그 차의 정신인 향과 맛을 드러낼 수 없고, 참
된 차가 아니면 그 차의 색깔을 엿볼 수 없는 것이다.

泡法云 探湯 純熟便取起 仙注壺中小許

포법운 탐탕 순숙변취기 선주호중소허

《다록》의 포법泡法에 이르기를 물을 끓일 때 물이 완전히 끓어 적당한 온도로 숙성되면 문득 탕관을 집어들고 다관茶罐(끓인 물과 잎차를 넣어 차를 우려내는 다구)에 물을 부어 먼저 다관을 조금 데워야 한다.

盪祛冷氣傾出 然後投茶葉 多寡宜酌 不可過中失正 茶重則味苦香沈 水勝則味寡色淸

탕거냉기경출 연후투다엽 다과의작 불가과중실정 다중즉미고향침 수승즉미과색청

다관에 냉기를 제거한 후 물을 쏟아내야 한다. 그런 다음에 찻잎을 다관에 넣되 많고 적음을 찻잔의 수에 따라야 하고, 반드시 중정을 잘 지켜 정확한 양을 넣어야 한다. 찻잎을 다관에 넣을 때 너무 많이 넣으면 차맛이 쓰고 향기가 침잠되어 바른 법도라 할 수 없다. 또한 물이 너무 많고 찻잎이 적으면 맛이 제대로 날 수 없고 차 색깔이 엷게 보일 뿐이다.

兩壺後 又冷水蕩滌 使壺凉潔 不則減茶香

양호후 우냉수탕척 사호량결 부즉감다향

두 번 사용한 다관은 깨끗하게 씻어내고 서늘한 곳에서 말려야 한다. 그렇지 않으면 차향이 감소할 수밖에 없다.

盖罐熱則 茶神不健 壺清則水性常靈

개관열즉 다신불건 호청즉수성상령

대개 다관의 물이 뜨거우면 차의 신묘함이 건실할 수 없고, 다관을 깨끗이 하여 중정의 도리가 맞으면 물의 참된 성품이 언제나 신령스러움으로 변화되는 것이다.

稍俟茶水冲和 然後令醨布飲

초사다수충화 연후영시포음

서서히 찻잎과 물이 잘 우려지기를 기다린 연후에 차 찌꺼기를 걸러내고 마셔야 한다.

釃不宜早 早則茶神不發 飮不宜遲 遲則妙馥先消

시불의조 조즉다신불발 음불의지 지즉묘복선소

너무 일찍 찻물을 걸러내지 말아야 한다. 너무 일찍 찻물을 걸러내면 다신茶神이 미처 향기를 발할 수 없게 된다. 차를 마실 때도 너무 지체하는 것은 마땅하지 않다. 차를 찻잔에 따라놓고 너무 지체하여 마시면 먼저 미묘한 차향이 소멸하고 만다.

評曰 採盡其妙 造盡其精 水得其眞 泡得其中 體與神相和 健與靈相倂 至此而 茶道盡矣

평왈 채진기묘 조진기정 수득기진 포득기중 체여신상화 건여령상병 지차이 다도진의

총평하여 말하면 찻잎을 채취할 때는 그 찻잎이 발아하는 미묘한 이치를 다해야 하며, 찻잎을 제조할 때는 찻잎 고르기에 정성을 기울여야 하며, 찻물은 반드시 오염되지 않은 깨끗하고 진실한 찻물의 본성을 얻도록 해야 하며, 찻물을 다관에 넣고 우려낼 때는 너무 빠르지도 너무 늦지도 않게 중정을 얻어야 하며, 찻잎의 체라고 할 수 있는 물과 색향기미의 신묘함이 서로 조화로워야 한다. 그리해야 차도를 행하는

형식이 올바르게 서고 찻물의 영롱한 색깔, 향기, 맛이 서로 조화를 이루게 된다. 이러한 경지에 이르게 되었을 때에야 비로소 다도를 다했다고 할 수 있는 것이다.

 •현미玄微 차에는 말로써 표현하기 어려운 맛이 있는데 그 맛의 극치는 깊고 미묘하여 딱히 드러내기 어렵다는 뜻이다. 또한 차맛은 같은데 저마다 다르게 느낀다는 의미도 있다. 이와 비슷한 뜻을 가진 성어成語가 있다.

如人飲水 여인음수
冷暖自知 냉난자지

어떤 사람이 물을 마시매
차고 더운 것을 스스로 알 수 있나니

물맛은 아무리 길게 이야기해도 설명할 수 없고 직접 마셔봐야 차고 더운 것을 스스로 알 수 있다는 말이다. 이와 같이 차의 향과 맛을 정확히 설명할 수 없기에 깊고 미묘하여 드러내기 어렵다고 한 것이다.

• **진정眞精** 진실되고 정미하다는 뜻이다. 한 잔의 차를 마시기까지는 차나무가 성장하여 찻잎이 발아되고 그것을 채취하여 정성들여 덖어서 좋은 물을 만나는 과정이 있어야 한다. 이러한 전 과정에 진실되고 하나도 빠짐없이 온전한 정성이 담겨야 한다. 만약 좋은 차가 있다 해도 좋은 물을 만나지 못하면 결국 중정의 미묘를 말할 수 없는 것이다.

그러므로 차의 체體라고 할 수 있는 물과 차의 신神이라고 할 수 있는 차향, 차맛은 분리될 수 없으므로 체體와 신神을 나누지 말라고 한 것이다.

• **체신體神** 신체와 정신이란 뜻이다. 차향을 나투기 위해서는 물이 체體가 되고 차의 향과 맛은 정신이 된다는 말이다.

• **중정中正** 지나치거나 모자람이 없이 곧고 올바르다는 뜻이다.

진정한 다인이 되려면 중정의 묘미를 깨달아 생활에 응용해야 한다. 음식에 있어서도 중정의 맛이 가장 뛰어나다. 너무 짜고, 달고, 쓰고, 떫고, 싱거워서도 안 된다. 오로지 그 음식의 재료가 조화롭게 잘 배합되어야 비로소 중정이 드러나는 것이다.

다인의 차생활에 있어서도 사람과 차, 찻물 등의 조화로움이 중요하다. 이 조화로움은 말로 헤아릴 수 있는 것이 아니라 오랜 경험을 통해 체득해야 하는 것이다. 초의 선사 역시 차생활의 실제는 중정에 있다고 강조하고 있다. 지나치거나 모자람이 없는 중정의 경지에 임한다면 그 자리가 바로 다선일미의 자리가 되는 셈이다.

· 건영健靈 건健은 차의 향미香味를 드러내는 말이며, 영靈은 차의 향미가 미묘하여 신령스럽다는 다신茶神을 말한다.

가벼워진 몸이여 신선의 맑은 경지라네

一傾玉花風生腋 일경옥화풍생액

身輕已涉上淸境 신경이섭상청경

明月爲燭兼爲友 명월위촉겸위우

白雲鋪席因作屛 백운포석인작병

옥화 같은 차 한 잔 기울이니

겨드랑이 바람 이는 듯하네

몸이 가벼우니 이미 차향이 스며들어

맑은 경지 올랐다네

밝은 달 촛불 삼고

아울러 벗도 되나니

흰 구름으로 자리 펴고

병풍을 두르리라

해설 대개 녹차를 마시는 사람들의 공통된 관심은 녹차의 의학적 이로움에 있다. 녹차에는 플라보노이드, 카테킨, 비타민을 비롯해 각종 무기질이 풍부하게 들어 있어 배뇨기관을 맑게 하고, 노화억제에 도움을 줄 뿐 아니라 각성작용, 해독작용, 소염작용, 살균작용은 물론 항암효과도 있다고 한다. 요즘에는 변비를 개선해주고 다이어트 효과도 있어 젊은 여성 중에도 녹차를 즐겨 마시는 이들이 늘고 있다.

이런 의학적 이로움으로 인해 사람들은 녹차를 단순한 기호음료나 건강음료로만 인식하고 있다. 때로는 다인들까지도 전통적으로 이어져 내려오는 '차의 정신'을 다 잊고 오로지 건강음료로 마시는 것을 당연시하고 있는 실정이다.

물론 차가 가진 효능이 좋고 건강에 이로운 것은 다행한 일이다. 하지만 《동다송》에서 초의 선사가 누누이 강조하고 있는 것처럼 차가 가진 향과 맛, 그리고 효능에만 시선을 모으는 것은 절경의 명산名山을 마주하고 나무 한 그루에만 관심을 갖는 것처럼 안타까운 일이다.

차를 마시는 것은 간단히 식문화로 정리하고 끝낼 문제가 아니다. 예로부터 차는 성인과 현자 들의 벗이었고 수도자들의 수행 도반이었으며, 시인 묵객들의 아취雅趣와 여유를 일깨우는 고

210

마운 대상이었다. 이는 차가 인간의 마음과 지속적으로 긴밀히 연결되어 있었음을 말한다.

초의 선사 역시 올바른 다도의 정신을 말하며 차의 향이나 맛에 주목하기보다는 더 고양된 경지에서 더 높은 안목을 만나야 한다고 강조하고 있다. 차는 곧 수행이며 자기성찰의 통로이고, 한 인간이 체험을 통해 달관의 경지에 이르는 길이기도 하다. 그러므로 차를 통해 덕을 쌓고 나아가 깨달음의 지혜를 얻을 수 있도록 진솔하고 소중한 마음으로 대해야 한다. 순수한 차향으로 오염된 몸과 마음을 정화하고 다시는 세파에 물들지 않도록 경계하는 것이 바로 올바른 다인의 자세이다.

가난하되 넉넉한 여유가 있는 것을 빈한貧閑이라 하고, 가난하되 성품이 깨끗하고 재물에 대한 욕심이 없는 것을 청빈淸貧이라 한다. 또 가난하되 마음이 맑고 깨끗해 번뇌가 없는 것을 고졸高拙이라 한다. 궁핍한 가운데서도 빛나는 이러한 고귀한 품격이야말로 바로 '차의 정신'의 바탕이라 할 수 있다.

다인에게는 헛된 욕심이 없어야 한다. 욕심은커녕 있는 것마저 버리고 버려 홀가분한 상태가 되어야 한다. 그런 상태로 자연을 둘러보면 거기서 새삼스럽게 달도 보이고 구름도 보이는 것이다.

초의 선사는 우리의 찻자리로 명월과 백운을 불러들인다. 달과 구름은 누구라도 소유할 수 있는 공동의 물건인지라 욕심과 무관하다. 대자연이 우리에게 나누어준 선물인 것이다.

이 때문에 옛 다인들은 찻자리마다 귀한 손님을 청하듯 명월과 백운을 불러 함께 차를 마셨다. 명월은 다인의 벗인 동시에 어둠을 밝히는 촛불이 되기도 한다. 백운은 한 자락 펼쳐 돗자리가 되기도 하고 병풍인 양 둘러쳐 울타리가 되기도 한다. 초의 선사는 이렇게 대자연의 품에서 질박한 마음으로 마시는 차라야 진정한 다인의 차라고 말하고 있다.

유명한 다인 가운데 신라의 고운孤雲 최치원崔致遠(857~?)을 빼놓을 수 없다. 최치원은 다인답게 스스로의 호를 고운이라 했다. 걸림 없이 창공을 떠도는 외로운 구름에 자신을 비유한 것이다.

널리 알려진 최치원의 시, 〈제가야산독서당題伽倻山讀書堂〉을 감상해보자.

狂奔疊石吼重巒　광분첩석후중만

人語難分咫尺間　인어난분지척간

常恐是非聲到耳　상공시비성도이

故教流水盡籠山　고교유수진롱산

미친 듯 달아나는 물소리

겹친 바위에 산 메아리 울리네

사람 소리마저 지척 사이인데

분간하기 어려워라

언제나 세상의 시비소리

내 귓가에 이를까 염려되어

유유히 흐르는 계곡물 소리로

온 산천을 귀먹게 하였네

최치원은 말년에 해인사 입구 홍류동 계곡에 정자를 짓고 그곳에서 차와 벗하며 지냈다. 정자의 이름은 농산정籠山亭이라 하는데 세상 사람들의 부질없는 시비소리가 산속까지 들어올 것을 염려하여 미친 듯 흐르는 물소리로 온 산천을 귀먹게 했다는 뜻이다. 최치원은 이 농산정에서 명월과 백운을 벗해 차를 음미하며 말년의 세월을 홍류동 냇물에 흘려보냈다.

다인은 차를 마시는 순간 인간의 언어로 대화하는 것이 아니라 향기로 대화하는 것이다. 그러므로 명월과 백운을 초대해놓고도 대화가 가능한 것이고, 침묵으로도 수천 수만 마디의 담소가 가능한 것이다.

옥빛의 맑은 찻잔에 번지는 은은한 향기, 그리고 정자 사이로 언뜻 고개를 내민 달빛을 그려본다. 정자 위로 푸른 하늘과 흰 구름을 그려본다. 최치원의 손에 들린 한 잔의 차, 그 안에도 달과 흰 구름이 담겼다.

자연과 인간이 찻잔 속에서 하나로 합일되는 순간, 최치원은 차가 아니라 한 모금 우주를 마셨을 것이다. 한 모금 지혜와 한 모금 깨달음의 향기를 마셨을 것이다. 무릇 다인이라면 차를 대함에 있어 이러한 깊이와 넓이를 체득하고 온 마음으로 현묘한 차의 향과 맛을 음미할 줄 알아야 한다.

 陳簡齋 茶詩 嘗此玉花勻 盧玉川 茶歌 唯覺 兩腋習習生淸風
진간재 다시 상차옥화균 노옥천 다가 유각 양액습습생청풍

진간재의 다시茶詩에 '일찍이 이것이 옥화로다.'라는 구절이 있고, 노옥천의 다가茶歌에 '오직 깨달아 한 잔의 차향에 젖어드니 두 겨드랑이에 맑은 바람이 솔솔 스며든다네.'라는 구절이 있다.

진간재陳簡齋(1090~1139)는 중국 남송의 시인으로 차를 좋아한

다인이었다. 본명은 진여의陳與義이고 간재는 그의 호이다.

노옥천盧玉川(796~835)은 당나라의 시인이며 역시 다인으로 불린다. 본명은 노동盧소이고 옥천자玉川子는 그의 호이다. 고결한 성격으로 몹시 궁핍한 생활을 하면서도 벼슬을 사양하고 숨어 살았다.

 · 일경一傾 '한 번 기울인다.'라는 뜻이니, 즉 차 한 잔을 마신다는 뜻이다.

· 옥화玉花 옥빛처럼 맑고 꽃처럼 향기로운 우리나라의 녹차를 말한다.

· 청경淸境 '맑은 경지'라는 뜻이다. 수행자가 고행 끝에 깨달음의 환희를 느끼듯 한 잔의 차향이 온몸에 퍼져 수행자와 같은 환희의 경지를 느낀다는 말이다.

· 명월明月 '밝은 달'이라는 뜻으로 다인의 삶 속에서 언제나 함께해야 할 벗일 뿐만 아니라 주변을 밝히는 촛불이 됨을 말한 것이다.

• 백운白雲 '흰 구름'이라는 뜻으로 다인의 찻자리가 흰 구름처럼 순수하고 무심해야 함을 의미하는 말이다. 또 조화롭게 구름처럼 둘러앉아 고요히 차향에 물드는 경계를 의미하는 말이기도 하다.

심간을 깨우는 서늘한 바람이 차향기라네

竹籟松濤俱蕭凉 죽뢰송도구소량

淸寒瑩骨心肝惺 청한영골심간성

唯許　　　　　유허

白雲明月爲二客 백운명월위이객

道人座上此爲勝 도인좌상차위승

대숲에 이는 바람, 솔가지 흔드는 파도소리

모두 함께 소슬하게 서늘하고

맑고 찬 기운 뱃속 깊이 파고드니

심간을 깨우는 듯하네

오직 허락하노니

흰 구름 밝은 달이여

두 손님 맞이하노니

수행자의 찻자리에

이보다 수승하겠는가

초의 선사는 대숲에 이는 바람과 솔바람이 파도소리처럼 들리는 자연 속에서 홀로 차 한잔을 음미하며 송頌을 마무리하고 있다. 맑은 차향이 뼛속 깊이 파고들어 저 아래 숨은 깊은 마음마저 문득 깨어나는 고요한 순간, 아련하고 그윽한 풍광이다.

홀로 마시는 자리인 듯하지만 그것도 아니다. 오직 허락 받은 두 손님이 있으니 흰 구름과 밝은 달이다. 참으로 아름다운 찻자리가 아닐 수 없다. 초의 선사는 한 수행자의 찻자리를 노래하고 있지만 필자의 눈에는 초의 선사 자신의 찻자리로 보인다.

초의 선사는 화려하고 인위적인 장식은 오히려 찻자리를 해치는 것이라 말한다. 차를 진정으로 사랑한다면 자연과 더불어 조화를 이루어야 하고, 그 안에서 차의 본질을 발견해야 한다.

대나무 잎이 사각거리는 소리, 또 파도음 같은 솔바람 소리는 홀로 듣기에 어쩐지 쓸쓸하고 서늘한 기분이다. 하지만 몸과 마음을 일깨우고 고요히 침잠하며 차를 마시기에는 더없이 그윽한 분위기를 자아낸다. 마치 귀인을 만나러 가는 사람이 목욕재계하듯 댓잎 소리와 솔바람 소리로 미리 몸을 깨끗하게 씻어내는 기분이랄까.

이렇듯 초의 선사의 찻자리는 질박하고 소박한 자연 속에 존재한다. 그의 자연은 이미 그의 일상이나 마찬가지이다. 명월과 백운이 있고, 대나무와 소나무가 바람을 맞으며 서 있는 풍경, 그 아래 찻잔을 든 수행자가 있으니 그가 바로 초의 선사인 셈이다.

　여기서 중국 송나라의 선승 야부冶父 스님의 시구절 두 행을 감상해보자.

　　竹影掃階塵不動　죽영소계진부동

　　月穿潭底水無痕　월천담저수무흔

　　대나무 그림자 마당을 쓰는데

　　땅위에 먼지 하나 일지 않네

　　달빛은 못 속에 있는데

　　물 위에 뚫고 들어간 흔적 없네

　바람이 댓잎을 흔드니 대나무 그림자가 마치 빗자루로 마당을 쓰는 것처럼 보인다는 말이다. 하지만 마당의 먼지는 아무런 움직임이 없다. 또 달빛이 맑은 연못을 뚫고 들어갔으나 연못 위엔 달빛이 뚫고 들어간 흔적이 전혀 없다.

　이 시구는 이러저러한 사물의 변화에도 본래 마음은 아무런 동요가 없음을 말하고 있다. 시시각각 변하는 팔만사천 가지 현상에 일일이 응하지 말고 적요 속에 자신의 자리를 두라는 뜻이다. 다인들 역시 이러한 무념무상의 적요를 다도의 장에서 실천해보아야 한다. 조촐하고 검박한 찻자리에서 고요히 마시는 한 잔의 차를 감미롭게 느낄 줄 알아야 한다.

초의 선사는 또 주문註文에서 찻자리의 수준을 몇 가지로 나누어 제시하고 있다. 즉 '몇 명이 차를 마셔야 가장 좋은 자리가 되는가' 라는 문제이다.

여기서 초의 선사는 혼자 마시는 자리, 즉 독철신獨啜神을 제1의 자리로 평가하고 있다. 혼자 마시는 자리가 입신의 경지라는 것이다. 둘째로 좋은 자리는 둘이 마시는 자리이고, 서너 명까지는 아취가 있는 자리라고 한다.

하지만 대여섯 명으로 넘어가면 번잡해지고, 일고여덟 명이면 그냥 찻잔을 주고받는 놀이에 불과하다고 말한다.

이러한 구분은 차를 마시는 자리가 예사 자리가 아님을 방증하고 있다. 화합을 꾀하는 동창회도 아니고 계모임도 아니라는 말이다. 찻자리는 항상 자신의 내면을 살피는 자리가 되어야 하고, 고요와 침묵 속에서 자신의 존재를 성찰하고 참구하는 자리가 되어야 한다.

끝으로 백파거사白坡居士 신헌구申獻求(1823~?)의 《동다송》 찬

시를 소개하고자 한다. 그는 초의 선사의 차맛을 보고 느낀 감회를 다음과 같은 다시로 남겼다.

草衣新試綠香煙　초의신시녹향연

禽舌初纖穀雨前　금설초섬곡우전

莫數丹山雲澗月　막수단산운간월

滿鍾雷笑可延年　만종뢰소가연년

초의 스님이 만든 녹향연 햇차여

시험 삼아 마셔보니

금설 같은 찻잎 처음 올라온

곡우 전에 만든 것이라네

단산차 운간월 좋다 하지 말게나

찻잔 가득한 초의 스님의

뇌소차로 장수할 수 있다네

초의 선사가 직접 법제한 금설(작설)차를 마셔보고 백파거사가 그 느낌을 읊은 시이다. 초의 선사의 동다가 얼마나 향미가 뛰어났는지 백파거사는 중국 최상품인 월간차와 운감차보다 더 뛰어난 맛이라 극찬했다. 뿐만 아니라 역시 선사가 법제한 뇌소차를 마셔보고는 장수할 수 있겠다며 기뻐하고 있다.

찬시로 쓴 것을 감안하고 읽어야겠지만 곡우 전에 따는 작설차와 중국의 대표 명차, 그리고 뇌소차 등등을 소재로 쓴 것으로 보아 백파거사 역시 차에 대해 꽤 식견이 있는 다인이었음을 짐작할 수 있다.

오늘날 현대인들은 자신을 고요히 되짚어볼 여유가 없다. 삶이 너무나 복잡다단하게 얽히고 꼬여, 갈수록 마음만 팍팍하고 이해심도 배려심도 사라지고 있다. 자연에 대한 관심도 없고 자기 자신을 성찰해볼 마음도 내지 못한다. 모두가 자기중심적인 터라 더더욱 인간적인 정서는 메말라가고 이웃 간의 정마저 시들어가고 있다.

하지만 아무리 삶이 고되고 힘들어도 한 생각 돌리면 또 다른 세계, 또 다른 경계를 만날 수 있다. 아무리 복잡다단한 삶이라도 어느 틈새에 차 한 잔 내려놓을 빈 공간은 만들 수 있다.

다정한 친구들이나 이웃들과 조촐하고 소박한 찻자리를 만들어보자. 함께할 이가 없다면 백운도 명월도 벗 삼을 수 있으니 걱정할 것 없다.

차는 언제나 위안이자 격려이며 사랑이다. 그리고 나아가 수행이자 성찰이며 깨달음의 지혜를 발견하는 길이다. 무릇 차로 인해 삶의 깊이와 넓이를 더할 수 있고, 너나없이 아름다운 다인으로 살아갈 수 있다면《동다송》이 전하는 초의 선사의 큰 뜻도 이내 발현될 수 있을 것이다.

 飮茶之法 客衆則喧 喧則雅趣索然

음다지법 객중즉훤 훤즉아취삭연

차를 마시는 법에, 손님이 너무 많으면 시끄러우니, 시끄러운 찻자리는 아취가 없고 오히려 삭막한 느낌이 들 수 있다.

獨啜曰神 二客曰勝 三四曰趣 五六曰泛 七八曰施也

독철왈신 이객왈승 삼사왈취 오육왈범 칠팔왈시야

조용히 홀로 앉아 차 한 잔의 향과 맛을 즐길 줄 알면 이것을 입신入神의 경지라고 한다. 둘이 마주 앉아 마시는 것도 수승한 경계라 할 수 있고, 서너 명이면 아취가 맴도는 듯하다.

그러나 대여섯이면 벌써 차향과 맛을 제대로 느낄 수 없다. 왜냐하면 이미 번잡하게 차를 준비하는 동안 차의 본색인 향미가 변할 수밖에 없기 때문이다. 일고여덟이면 이미 서로 잔을 주고받는 놀이에 불과하다.

• 죽뢰竹籟 대숲에서 사각거리는 소리를 말한다. 마치 찻물을 끓이는 소리와 같다는 뜻에서 표현한 말이다. 또한 찻자리 환경을 말하기도 하는데 수행자가 한 잔의 차를 달여놓고 조용한 가운데 대숲에서 일렁이는 바람소리를 벗 삼아 한가로이 차를 마신다는 의미가 담겨 있다.

• 송도松濤 솔바람 소리가 마치 파도치는 소리 같다는 뜻이다. 솔바람 소리를 파도소리로 듣는다는 것은 육신의 귀가 아니라 마음의 귀로 듣는다는 뜻이다.

• 영골瑩骨 '밝고 투명한 뼈'라는 뜻이니 맑고 깨끗함이 깊어지면 서늘한 느낌이 들듯이 옥빛처럼 맑은 차 한잔의 향기가 몸이 아니라 뼛속까지 투명하게 만든다는 말이다.

• **심간心肝** 심장과 간장이라는 뜻이다. 하지만 여기서는 육신의 내부에 존재하는 우리의 마음을 말한다. 다시 말해 한 잔의 차향에 정신이 맑고 또렷해지니 심간을 흔들어 깨우는 듯하다는 말이다.

• **유허惟許** 오직 허락한다는 뜻이다. 초의 선사의 찻자리에 초대받을 수 있는 귀중한 손님은 오로지 흰 구름과 밝은 달뿐이라는 말이다.

• **백운명월白雲明月** 흰 구름은 낮에 볼 수 있고 밝은 달은 밤에 볼 수 있으니 온종일 두 손님을 맞이한다는 뜻이다.

• **도인道人** 번역자 중에서 홍현주를 도인으로 보는 사람도 있으나 초의 선사는 평범한 삶을 사는 다도인茶道人을 가리키는 말로 사용했다. 뿐만 아니라 대자연의 경치를 누리는 삶이 신선과 수행자의 삶이라는 것을 표현한 말이다.

항기로운 동다여
깨달음의 환희라네

초의 선사의 삶과 교유

초의선사의 동다 사상과 행적

　인간은 대부분 성장기를 거치면서 이상적인 스승을 귀감으로 삼아 고난을 겪을 때마다 위로와 극복의 힘을 얻는다. 스승을 의지하면 삶의 고통을 참아내기가 훨씬 수월해지고 거기에서 삶의 지혜를 찾는 길이 홀연히 나타나기도 한다. 특히 출가한 수행자는 우선 부처님의 말씀을 따르는 것이 바른 길이지만 때로는 시대의 인물 속에서 스승으로 삼을 만한 선각자를 찾기도 한다.

　오랜 역사를 되짚어보면 물론 훌륭한 선각자는 헤아릴 수 없이 많았을 것이다. 여기서 거론하는 초의 선사 역시 시대의 걸출한 인물로 평가하는 데 손색이 없다. 그의 발자취를 헤아려보면 배불숭유의 조선에서 그것도 승려라는 신분으로 다도를 통해 어떻게 세상과 호응했는지 참으로 놀랍기만 하다.

　초의 선사는 수행자의 몸으로 시대의 이념적 차이를 극복했을 뿐 아니라 스스로 인격 도야에 매진하는 호방한 장부 기질을 가지고 있었다. 그 때문에 초의 선사와 교유한 인물들은 저마다 그의 인품에 빠져들지 않는 사람이 없었다고 한다. 초의 선사는 불교를 배척하는 시대적 한계에도 불구하고 성리학을 공부한 선비들과 시문詩文은 물론 그림과 다도를 통해 인간적인 정감을 나누고 신뢰를 구축해갔다. 그의 다도를 통한 선비들과의 교유는 다름 아닌 차의 맛과 향을 승화시킨 위대한 포교 전략이라 해도 과언이 아니다.

초의 선사는 유학자들과 교류하면서 스스로의 이상적 가치를 고립된 이념에 묶어두지 않았다. 오히려 적극적으로 선비들과 시구詩句를 주고받으며 인간적 신뢰를 쌓아갔다. 그리고 초의 선사에게는 늘 동다의 향기가 함께했다. 직접 동다를 법제하여 선비들과 나누는 자리는 늘 풍요롭고 아름다운 시향詩香과 다향茶香이 흘러넘쳤다. 인간의 진정성과 솔직함은 때로 이념을 훌쩍 뛰어넘기도 한다. 진실하고 솔직한 초의의 태도에는 여유로움이 담겨 있었고 상대방을 향한 이해와 사랑이 담겨 있었다. 찻자리의 선비들은 그것을 확인한 순간 저절로 존경과 선망의 눈빛으로 초의 선사를 바라보았다. 이것은 불문佛門에 대한 비판적 시각을 무너뜨리는 데도 큰 역할을 했다.

초의 선사는 많은 유학자들과 교유했는데 그중에는 일생 동안 뜻을 함께한 진정한 벗도 있었다. 그 가운데 한 사람이 추사 김정희이다.

추사는 유학의 고봉에서 노닐면서 유교 이념의 실천덕목을 어릴 때부터 배워온 훌륭한 가문의 자손이었다. 뿐만 아니라 불교의 경전에도 뛰어난 안목을 갖춘 시대의 수재였다. 그는 한때 9년 동안이나 제주도 유배지에서 홀로 버티며 생사를 넘나드는 고통을 겪었는데 그 무렵 초의 선사와의 친교가 큰 위안이 되었다고 한다. 초의 선사와의 교유로 인해 희망을 잃지 않고 인내하여 마침내 해배의 날을 맞을 수 있었다는 것이다.

초의 선사는 추사의 마음을 누구보다 잘 헤아렸다. 초의 선사는 손수 법제한 동다를 직접 가지고 가거나 인편으로 추사의 유배지에 보냈다. 추사는 차를 받을 때마다 번번이 감동했다. 세상이 모두 외면하여 홀로 버림받은 듯한 유배지에서 오로지 초의 선사가 보내준 차향만이 추사를 위로해준 셈이다. 이후에도 두 사람은 평생 진정한 벗으로 서로 믿고 의지했다.

초의 선사는 늘 차와 가까운 생활을 했으면서도 스스로를 다인이라고 말하지 않았다. 또 선사니, 강사니, 시인이니, 서화가라는 명칭도 결코 용납하지 않았다. 그러나 이제 세상은 초의 선사를 다인을 넘어 다성茶聖이라 부르고 있고, 초의라는 말 뒤엔 자연스럽게 선사禪師라는 호칭이 따른다.

생전에 초의 선사는 스스로를 단지 출가사문出家沙門이라고 했다.

여기서 사문이란 산스크리트어의 음역으로 śramaṇa라고 하며, 중국어로는 근식勤息이라 한다. 근식의 구체적인 뜻은 이렇다.

勤修萬行 근수만행

息除煩惱 식제번뇌

부지런히 모든 행동을 닦아

번뇌망상을 쉬어야 한다

이러한 수행자의 기본 실천력이 몸에 배어 있어 초의 선사는 늘 자신의 삶에 충실할 수 있었다. 스스로 호를 초의草衣라고 한 것도 수행자가 배고프면 풀뿌리로 연명하여 기근을 면하고, 옷이 없으면 목피木皮나 풀로써 옷을 삼아 몸을 가린다는 초근목피草根木皮의 뜻을 실천하기 위해서였다.

이러한 검소와 탈속脫俗의 경지를 잘 알고 있었으니 다도에서 선을 찾아내 그 둘이 다르지 않다는 걸 밝힌 것은 어쩌면 당연한 일인지도 모른다.

또한 초의 선사의 삶을 통해서 우리가 배울 수 있는 것은 자연을 바탕으로 한 지연친화적인 깨달음이다. 사실 인간의 이상적 가치는 지식이나 물질적 풍요로움에서 나오는 것이 아니다. 일상에서 흔히 만나는 대자연의 품에서, 그리고 자연과 일상이 어우러진 보편적인 시간 속에서 평범하게 얻어지는 것이다.

초의 선사의 시를 한 편 더 읽어보자.

履雜潤底雲　이잡간저운

窓含上松月　창함상송월

졸졸 흐르는 시냇물 속

떠내려가는 구름 밟고

창문엔 소나무 가지 사이로

둥근 달 고개 들어 떠오르네

차생활로 하루를 여는 초의 선사의 아침은 차의 본체인 찻물을 길러 가는 발걸음에서 시작한다. 다인의 하루에서 좋은 물을 얻는 것은 그야말로 생활의 기본이기 때문에 초의 선사 역시 물을 중요시했다. 아무리 먼 곳이라도 감로유천甘露乳泉이 있다면 물통을 들고 시냇물도 건너서 무조건 좋은 물을 길어와야 하는 것이다.

어느 날 초의 선사는 물통을 들고 개천을 건너다가 졸졸 흐르는 시냇물 속에 하얀 뭉게구름이 흐르는 것을 보았다. 그 구름을 밟고 건너가 물을 길어온 초의 선사는 방 안에 앉아 정성스럽게 차 한 잔을 우려놓았다. 막 차를 마시려는데 창문에 달이 보인다. 소나무 가지 사이로 둥근 달이 떠오른 것이다.

졸졸 흐르는 시냇물과 그 안에서 일렁이는 구름을 관조하는 자세가 참으로 애틋하다. 또한 창문을 통해 소나무 가지 사이로 떠오른 달빛을 지켜보는 눈빛도 더없이 그윽한 느낌이다. 자연의 모든 사물이 살아 있는 생명체로서 존재하며, 그 내면에 소박한 자연미가 살아 숨 쉬고 있음을 느낄 수 있다. 이것은 사물에 대한 직관력과 수행자의 맑은 안목이 아니면 헤아릴 수 없는 탈속脫俗의 경지임에 틀림없다.

당대의 뛰어난 유학자 중 한 사람인 연천淵泉 홍석주洪奭周 (1774~1842)는 초의 선사의 이러한 시구를 극찬하면서 중국 당나라 시인이며 문장가인 한유韓愈(768~824, 자는 퇴지退之)의 시보다 뛰어나다고 평했다.

그럼 이번에는 한퇴지의 시를 한 편 감상해보자.

沾衣欲濕杏花雨　첨의욕습행화우

吹面不寒楊柳風 취면불한양류풍

옷을 적시려거든

살구꽃 비에 적시고

얼굴 스치는 버들가지 바람은

차지 않네

    필자는 초의 선사의 시구에서 정중동靜中動의 자연 속 깨달음과
나아가 자연과 하나 되는 귀일歸一의 정신을 눈여겨보았다. 이에
비해 한유의 시구에서는 욕망과 분별이 드러나 눈에 밟힌다. 다
름 아닌 꽃비를 옷에 적시려는 욕망과 버들가지 훈풍을 탐내는
분별심이다. 욕망과 분별심은 자연과 어우러지는 형상이 아니라
인간이 자연을 마음대로 잡고 부리려는 형상으로 보인다.
    초의 선사의 차생활은 사물에 대한 순수한 직관력과 자연을
끌어안는 포용의 정신 안에 자리하고 있다. 꽃 한 송이, 풀 한 포
기라도 소중하게 여기고 거기에 담긴 생명을 향해 합장하고 존
중하는 겸손의 지혜가 바로 초의 선사의 차정신의 근간을 이루
고 있는 것이다. 일생 동안 초의 선사가 탈속의 경지를 지켜나가
며 지인들에게 존경을 받을 수 있었던 것도 물론 다도를 통한 수

행이 차향으로 드러나 뭇 사람들을 감화시켰기 때문일 것이다.

예로부터 뛰어난 인재는 하늘이 질시하여 단명하는 경우가 많았다고 한다. 그러나 초의 선사는 당대에도 뛰어난 인물로 평가받았지만 단명하지 않고 팔순의 명을 살았으니 장수한 편이다. 아마도 이것은 보살 같은 무욕의 마음으로 살았기에 가능한 일이었을 것이다.

그럼 여기서 초의 선사의 행적에 대해 좀 더 살펴보자.

초의 선사는 1786년(정조 10) 전남 무안군 삼향면에서 태어났다. 속성은 인동 장씨이고 이름은 의순意恂이며 출가한 후 법호法號를 초의라고 했다. 또한 많은 자호自號를 가지고 있는데 해옹海翁, 해상야질인海上也耋人, 해노사海老師, 자우산방紫芋山房, 자하도인紫霞道人, 우사芋社, 휴암병선休菴病禪, 일지암一枝庵 등이 모두 그의 자호이다.

초의 선사는 어릴 때 강가에서 놀다가 익사할 뻔한 적이 있는데 마침 지나던 스님이 구해주어 살아났다. 이러한 인연 때문인지 나이 15세 되던 1800년경에 전남 나주 운흥사로 출가하여 벽봉당碧峰堂 민성敏性 스님을 은사로 모시고 사미계沙彌戒를 받았다. 그 후 해남 대흥사 완호玩虎 스님에게 구족계具足戒를 받았으며 '초의'라는 법호를 받고 대흥사 법맥을 이었다.

1840년에 헌종(1827~1849)으로부터 대각등계보제존자초의대선사大覺登階普濟尊者草衣大禪師라는 시호를 받았고, 1866년(고종 3) 법랍 65세 세수 81세를 일기로 대흥사에서 입적했다. 무신으로 형조판서와 병조판서를 지낸 신관호申觀浩(1810~1888)가 비문을 지었으며 그 비가 현재 대흥사 비전에 세워져 있다.

초의 선사가 교유한 인물들 중 가장 잘 알려진 사람은 다산 정약용이다. 초의 선사는 24세(1809) 때 당시 48세이던 다산과 강진 유배지에서 만나 교유를 시작했다. 24년의 나이 차이에도 불구하고 두 사람은 서로의 마음을 허락할 정도로 가까이 지냈다.

그 후 초의 선사는 1815년 30세 무렵에 다산의 두 아들 학연學淵과 학유學遊 형제를 만나 친교를 맺었고, 동갑내기 벗으로 일생 동안 마음을 함께한 추사 김정희도 이 무렵에 만났다. 우의정 홍석주와 정조의 사위인 홍현주와도 교우했는데 두 사람은 형제지간이다. 이밖에도 초의는 자하紫霞, 신위申緯 등 수많은 유학의 문사들과 교유하면서 시문을 주고받았다.

또한 초의 선사는 많은 저술도 남겼다. 그중 1828년 43세 때는 청나라 모환문毛煥文이 쓴《만보전서萬寶全書》가운데《다경채요茶經採要》의 내용을 간추려 실용적인 다서茶書《다신전茶神傳》을 펴냈다. 이후 52세 무렵에는 우리나라 유일의 다서《동다송東茶頌》

을 펴냈다.

이밖에도 초의 선사는 《이선내의二禪來義》《선문사변만어禪門四辨漫語》《일지암시고一枝庵詩槀》《일지암문집一枝庵文集》《초의집草衣集》 등을 저술했다. 뿐만 아니라 초의 선사는 선禪과 시詩, 서書, 화畵, 다도에 두루 통달하여 선승으로는 물론이거니와 박학한 지식인으로,

초의 선사가 저술한 《동다송》 표지.
아모레퍼시픽미술관 소장.

나아가 동국東國의 다성茶聖으로 오늘날까지 추앙받고 있다.

초의 선사의 행장을 논할 때 다산과 추사, 그리고 소치小癡 허련許鍊(1808~1893)과의 관계를 특별히 언급하지 않을 수 없다.

〈초의 선사 화상〉. 아모레퍼시픽미술관 소장.

초의 선사와 다산과의 만남

—

초의 선사는 출가한 승려로 대흥사의 13대 강사講師와 13대 종
사宗師의 법맥을 이어 출가자로서 기본을 철저히 닦았다. 하지만
그의 소박하고 담박한 승려로서의 심성에 깊이를 더할 수 있었
던 것은 다산 정약용과의 만남이 있었기 때문이다.

1809년 초의 선사의 나이 24세 되던 해, 다산은 강진으로 유배
와 머물고 있었다. 초의 선사는 다산을 만나 시문과 유학에 대해
심도 있게 공부하면서 인생과 자연에 대해 보다 넓은 시야를 가
지게 되었다. 지리적으로 볼 때 전라남도 해남은 변방에 속하는
데 그런 곳에서 다산처럼 훌륭한 지식인을 만날 수 있다는 것 자
체가 행운이었다. 더군다나 배불排佛의 시대에 승려가 유학자들
과 친교를 가진다는 건 쉽지 않은 일이었는데 초의 선사에게는
그러한 환경이 자연스럽게 찾아온 것이다.

초의 선사는 다산과 더불어 유학을 논하고 불교를 논했다. 다산
을 통한 초의 선사의 배움은 유학에 대한 이해를 넘어 유불儒佛의
일체감을 논리적으로 전개할 수 있는 힘을 주었다. 또한 다산이

나이 차이가 많이 나는 초의 선사를 기꺼이 교유의 상대로 응대한 걸 보면 선에 대한 초의 선사의 이해와 다도를 통한 삶의 향기가 크게 작용한 게 아닌가 싶다. 훗날 《동다송》을 저술하게 된 계기도 유학자 홍현주의 청에 응답하는 형식이었으니 초의 선사의 일생에서 다도는 항상 불가분의 관계에 놓여 있었던 셈이다.

초의 선사와 다산의 만남에는 늘 차향이 감돌았다. 승속의 경계를 넘어 두 사람은 서로의 마음을 허락할 만큼 가까이 지냈다. 신분과 나이와 지식도 문제될 게 없었고 부와 명예도 그들의 관심사가 아니었다. 두 사람은 벗으로서, 같은 뜻을 가진 삶의 동지로서 함께 차를 나누며 애틋한 시간을 보냈다.

다산이 강진으로 유배를 온 것은 소위 천주교 박해사건의 하나인 신유사옥辛酉邪獄에 연루되었기 때문이다. 그런데 사실 정약용은 천주교 신자가 아니었다. 그는 지적 호기심으로 천주교에 대해 학문적 접근을 했을 뿐이었다. 그런데 두 형인 정약전과 정약종이 천주교 신자로 체포되는 바람에 뜻하지 않게 강진으로 유배를 당한 것이었다.

다산은 1801년 40세에 강진으로 유배된 후 1818년 9월에 해배되어 그곳을 떠날 때까지 강진 고성사高聲寺 부근과 백련사白蓮社 부근에서 무려 18년 동안 유배생활을 했다. 하지만 그의 긴 유배는 오히려 많은 저술을 남기는 데 도움을 주었다. 그의 대표 저술인 《목민심서牧民心書》도 유배지에서 완성되었다.

좋은 가문에서 태어나 부러울 것 없이 살다가 빈한한 해촌 마을로 유배 온 다산은 그야말로 처량한 신세였다. 그런 까닭에 신분의 우열이나 형편을 따지지 않고 자신의 처지를 이해하고 감싸주는 스님들과의 교류는 그에게 있어 고맙고 자연스런 일이었다. 또한 아무나 유배지를 드나들 수 없다는 점이 오히려 초의 선사와 다산의 만남을 수월하게 해주었다. 일반인에 비해 스님들은 그래도 자유롭게 유배지에 드나들 수 있었기 때문이다.

많은 나이 차이에도 불구하고 두 사람은 자주 만나 내면의 이야기를 주고받았고 서로를 존중하며 정을 쌓았다. 이러한 정황을 미루어 짐작할 수 있는 초의 선사의 시가 전하고 있다. 초의 선사의 문집에 실린 〈저우미왕阻雨未往 다산초당茶山草堂〉은 장마 때문에 다산을 만나지 못하는 초의 선사의 안타까움이 절절하게 담겨 있는 시이다.

我思紫霞洞 아사자하동

花木正紛繢 화목정분빈

淫雨苦相防 음우고상방

束裝踰二旬 속장유이순

내가 생각하는 자하동은
꽃과 나무가 참으로 분분히 피고 있지
음산한 빗줄기 만남을 가로막아 괴로워라
행장 꾸린 지 20여 일이 지났네

초의 선사가 다산이 살고 있는 자하동을 그리워하며 쓴 시이
다. 자하동 주변에 꽃들이 한창 피어 있고, 당장이라도 그곳으로
가고 싶은 마음 굴뚝같으나 얄밉게도 흐린 날씨에 장맛비까지
내려 떠나지 못함을 아쉬워하고 있다. 20일 전부터 떠날 준비를
해놓았는데 비가 그치지 않으니 속이 상해 괴롭다는 푸념이다.
　시는 다음과 같이 계속 이어진다.

深孤長者命　심고장자명
無有訴情眞　무유소정진
星月露中宵　성월로중소
屯雲散淸晨　둔운산청신

깊고 고독한 어르신의 부름을

엎드려 말씀드릴 마음조차 없어라

별과 달이 중천에 휘영청 떠 있으니

먹구름 흩어져 새벽공기 맑아라

다산의 부름을 받고 당장 달려가고 싶으나 흐린 날씨로 인해 갈 수가 없다. 안타까운 마음을 어떻게 알려야 할지 망설이고 있는데 고맙게도 한밤중이 되자 별과 달이 구름을 헤치고 나타났다. 초의 선사는 이제 새벽이 오기를 기다렸다가 황급히 다산을 만나기 위해 길을 떠날 것이다. 내일이면 다산을 만날 수 있다는 기대감이 담긴 애틋한 내용이다.

欣然起長策   흔연기장책

物色正鮮新   물색정선신

蹇極涉幽澗   건극섭유간

俛首穿深筠   면수천심균

기쁜 마음에 주장자 집어들고 나서니

만물의 푸른색이 선명히 새롭네

장삼자락 걷어올려 시냇물 건너고

머리 숙여 깊은 대숲 헤쳐나왔네

초의 선사가 이른 새벽공기 마시며 주장자 집어들고 동구 밖으로 나서는 광경이다. 숲 경치가 새삼스럽게 맑아 보인다. 곧 다산을 만날 수 있다는 기대감에 산색조차 달리 보인다는 의미이다.

푸른 숲길을 가다보니 비온 뒤 계곡 물이 깊어졌다. 장삼자락을 걷어올려 시냇물을 건너간다. 이어서 우거진 대숲에 맺힌 이슬을 피해 머리 숙여 대숲 길을 빠져나오는 풍경을 묘사했다.

行至萬瀑橋　행지만폭교

天容忽更蠻　천용홀갱빈

谷風動林起　곡풍동림기

流氣被嶙峋　유기피린순

떠나온 발걸음 만폭교에 이르러

하늘이 문득 찌푸린 듯하네

골바람 불어와 숲을 흔드니

엄습한 기운 습기로 맺혔네

빠른 걸음으로 내려와 만폭교에 이르렀을 즈음 갑자기 하늘이 찌뿌둥하게 흐려졌다. 골짜기 바람이 불어와 나뭇가지를 흔드니 이내 소낙비라도 내릴 기세이다. 습기마저 가득해 숲이 축축하게 젖어 있는 풍경을 묘사하고 있다.

飛沫跳水面　비말도수면
細紋起鱗鱗　세문기린린
中行成獨復　중행성독부
惆悵難具陳　구창난구진

소낙비 수면 위로 달리듯 내리는데
빗방울 떨어져 방울마다 빛나네
중간쯤에 걸음걸이 다시 돌릴 수밖에 없어
아쉬운 마음 하나하나 나열하기 어렵네

습기 가득한 숲에 드디어 소낙비가 쏟아지고 있다. 급히 떨어지는 빗줄기가 물웅덩이를 만들고 빗방울이 떨어지는 자리마다 빛나는 무늬가 수놓아진다. 하지만 어쩌랴. 초의 선사는 결국 중간에 발걸음을 돌려 암자로 되돌아간다. 다산을 만나지 못하게 된 아쉬움과 안타까움이 그대로 전해지는 부분이다.

由旬尙如此 유순상여차
何以窮八垠 하이궁팔은
哀哉七尺身 애재칠척신
輕擧諒無因 경거량무인

40리 길 이와 같은데
어찌 팔방을 다닐 수 있을까
슬프도다 칠 척의 몸뚱이여
경거한 발걸음 양해 구할 수 없네

다산의 부름에 행장을 준비하여 길을 나섰지만 장맛비로 인해
발걸음을 돌릴 수밖에 없음을 아쉬워하고 있다. 나아가 초의 선
사 자신의 가벼운 행동에 대해 다산에게 무어라 변명할 수 없음
을 안타까워하는 마음까지 담았다.

위의 시를 살펴보면, 초의 선사는 다산을 장자長者라 부르면서
어른의 유배생활이 얼마나 힘든지 그 마음을 헤아려 특별히 심

고深孤라는 표현을 쓰고 있다. 다산의 외롭고 깊은 마음을 초의 선사 자신이 절실히 느끼고 있다는 뜻이니 다산에 대한 지극한 예의를 표한 것이라 할 수 있다.

초의 선사의 거처 해남은 다산의 거처 강진과 40여 리쯤 떨어져 있다. 차마車馬 없이 걸어가면 새벽녘에 출발해야 당일 돌아올 수 있는 거리이다. 초의 선사는 이 거리를 수시로 오가며 다산의 외로움을 달래주고 함께 차를 마셨다. 사람이 살아가면서 외로움과 슬픔을 함께 나눌 벗이 있다는 건 참으로 다행한 일이다. 그것도 신분과 종교의 한계를 뛰어넘어 순수하고 아름다운 우정으로 꽃피울 수 있었으니 서로를 향한 이해와 배려는 아마도 두 사람에게 큰 힘이 되었을 것이다.

이러한 초의 선사와 다산의 만남은 매우 빈번하여 다산은 초의 선사에게 두 아들 학연과 학유를 소개해주기까지 했다. 초의 선사의 인품과 덕성을 신뢰하지 않았다면 있을 수 없는 일이다. 이에 학연과 학유 형제는 초의 선사가 마련한 찻자리에 나와 자연스레 교유하면서 초의 선사를 당대의 저명 유학자들에게 널리 알렸다. 이로써 만남이 만남으로 계속 이어졌고 초의 선사가 함께한 그 자리에는 늘 그윽한 차향이 맴돌았다.

초의 선사와 추사와의 만남

—

1815년 초의 선사의 나이 30세 되던 해에 동년배로 평생 잊지 못할 도반道伴을 만나게 되는데 그가 바로 추사 김정희이다.

추사는 서화書畵와 금석학金石學, 경학經學은 물론 다선삼매의 실천을 생활화한 사람이다. 초의 선사와 만난 후 그 우정을 평생 동안 간직하면서 초의 선사 못지않은 다인으로 차향 그윽한 삶을 살았다.

추사는 24세 때 연경燕京으로 건너가 당대의 대학자이며 서화가인 옹방강翁方綱(1733~1818)과 완원阮元(1764~1849) 등 청나라의 많은 문사, 서화가들과 교유하면서 다방면으로 안목을 넓혔다. 또한 우리나라 남종화南宗畵의 풍류정신인 사의寫意(사물의 외형보다 내재적인 정신이나 화가의 심정을 표현하는 것)적 정신세계를 중시하고, 선비나 사대부 들이 여흥으로 즐겨 그린 문인화文人畵의 화풍을 절정에 올린 것으로도 유명하다.

또한 그는 노년에 봉은사에서 보살계를 받고 세상을 뜨기 직전에 봉은사 화엄경판을 모신 판전板殿의 현액을 쓰기도 했다.

그만큼 불심이 깊었다는 의미인데 추사가 이런 불심을 가지게 된 데는 그만한 이유가 있다.

유교가 나라의 지배이념이던 그 시대에 추사의 증조부인 김한신金漢藎(1720~1758)이 원찰願刹(죽은 사람의 명복을 비는 사찰)을 건립했는데, 추사는 이 사찰을 자주 드나들었다. 그러다보니 자연스럽게 돈독한 불심이 길러졌던 것이다. 그의 증조부 김한신은 영조의 사위로 월성위의 작위를 받은 사람이다.

필자는 이러한 사실을 확인하고자 20여 년 전 추사의 고택古宅을 찾은 적이 있다. 그런데 그곳에서 2킬로미터 떨어진 곳에 화암사華嚴寺라는 절이 있기에 찾아가 참배했다. 그 사찰의 편액도 추사의 글씨였는데, 사찰의 건축 양식이 일반적으로 전래된 사찰 건축 양식과는 현격히 차이가 났다. 그런데다가 추사 고택에 쓰인 목재와 같은 목재로 지어져 있었다. 그런 점으로 짐작하건대 화암사는 추사의 증조부 김한신이 최초로 창건했다기보다는 원찰로 중건한 것으로 보인다.

뿐만 아니라 사찰 법당 뒤 큰 바위에는 옹수곤翁樹崑이 쓴 '시경詩境'이란 글씨가 새겨져 있었다. 옹수곤은 추사가 중국에 갔을 때 절친하게 지낸 옹방강의 아들로 유명한 금석학자이다.

추사 문중의 불교 인연은 이외에도 또 있다. 추사의 증조부 김한신도 불심이 깊은 사람이었지만 부친인 김노경金魯敬(1766~1837) 역시 불심이 깊어 경상감찰사 시절에 해인사 팔만대장경각 보수를 후원하기도 했다. 또 화재로 소실된 해인사 대적광전大寂光殿을 다시 세우는 데도 크게 힘썼다. 추사는 나이 32세 때 이 대적광전의 상량문上樑文을 썼는데 지금까지 전해오고 있다. 이런 점만 보아도 추사는 어릴 때부터 원찰에 출입하면서 자연스럽게 불심을 키워온 셈이니 오로지 유교적 이념에만 몰두한 것이 아님은 분명하다.

추사는 윤상도尹尙度(1768~1840)의 옥사獄事에 연루되어 제주로 유배당해 대정현에서 9년 동안 힘든 귀양살이를 하기도 했다. 육지에서 멀리 떨어진 섬 생활이 외롭고 힘들었지만 그를 견디게 해준 것은 바로 평생의 벗 초의 선사였다.

초의 선사는 유배된 추사의 어지러운 마음을 헤아려 봄이면 늘 두륜산 대흥사 주변의 동다를 채집하여 정성껏 법제한 후 첫 물차를 추사에게 보냈다. 그뿐 아니라 초의 선사는 걸망에 동다와 불경을 챙겨넣고 직접 제주까지 건너가 6개월 동안 추사와 함께 생활하기도 했다. 이후에도 초의 선사는 무려 다섯 번이나 바다 건너 유배지 대정현을 찾았다 하니 둘의 우정이 어느 정도였는지 가히 미루어 짐작할 만하다.

앞서 다산의 이야기에서도 밝혔듯이 초의 선사가 승려 신분인 덕에 유배지를 자유롭게 드나들 수 있었던 것도 다행이라면 다행이었다. 승려는 출세와 명리를 추구하는 속인과 달리 유배지 출입에 제한을 받지 않아 초의 선사가 몇 번이나 대정현을 찾아 갈 수 있었던 것이다.

30세 때 추사가 초의 선사를 처음 만난 곳은 서울 수락산 학림사였다. 이곳에서 만난 이후 서로 뜻이 맞은 두 사람은 자주 편지를 교환했다. 또 초의 선사는 때마다 정성껏 준비한 동다를 추사에게 보냈다. 얼마나 자주 보냈는지 동다가 제때에 오지 않으면 추사는 짓궂게 투덜거리는 내용의 편지를 초의 선사에게 보내기도 했다. 빨리 차를 보내라는 협박성 또는 애원성 편지였는데 그런 편지를 받으면 초의 선사 역시 최상품 차와 함께 짓궂은 내용의 답신을 보냈다.

어쨌거나 늘 최상품 동다를 선물로 받은 터라 추사는 초의 선사에게 항상 고마움을 느꼈다. 그래서 추사는 유배형을 받아 제주로 가는 길에도 굳이 대흥사에 들러 초의 선사를 만나고 갔다. 유배지로 떠나는 추사의 심정도 편치 않았겠지만 나이 들어 관직을 잃고 제주로 유배 가는 벗을 지켜봐야 하는 초의 선사 역시 억장이 무너졌을 것이다. 부도 권력도 없는 승려의 몸인 터라 초의 선사는 벗을 위해 해줄 것이 없었다. 그저 불단에 엎드려 추사의 건강과 안녕을 기원할 뿐이었다.

추사는 9년여의 긴 유배생활을 끝내고 마침내 1848년 해배되었다. 이때도 추사는 바닷길을 건너 단숨에 대흥사로 달려왔다. 그러고는 초의 선사와 만나 동다를 앞에 두고 긴 유배의 한을 차향으로 달랜 후 한양으로 떠났다.

훗날 추사는 초의 선사보다 10년 앞서 세상을 떠났다. 평생의 벗을 잃은 초의 선사는 추사의 영정에 제문祭文을 지어 올리고, 이후 추사 없는 쓸쓸한 만년을 보내다 대흥사에서 입적했다.

추사의 부음을 접했을 때 초의 선사는 곧바로 찾아가 문상하지 못함을 한스럽게 여기며 간절한 마음을 담아 제문을 지어 추사의 영정에 올렸다. 그 내용의 일부를 옮겨 당시 초의 선사의 마음을 헤아려보자.*

嗚乎!

四十二年 不渝金蘭之交 幾百千劫 共結香火田緣 別遠會稀 遺書常遞 對面紆尊 降貴發語時 多忘形

오호!
사십이년 불투금난지교 기백천겁 공결향화전연 별원회희 유서상체 대면우존 항귀발어시 다망형

슬프도다!

42년간 맺어온 이인동심二人同心은 금란金蘭(우정)을 버리지 않았으니 몇 백천 겁을 두고서라도 언제나 향화香火의 소중한 인연을 맺어야 합니다. 살아서 멀리 떨어져 있어 만남은 드물었지요. 그대의 소중한 편지를 받으면 높은 얼굴을 대면한 듯하였고 그대와 함께 이야기를 할 때는 언제나 흉허물을 잊었지요.

瀛海慰半年 蓉湖留兩載 有時 談道爭聲 危如瀑雨迅雷 有時論心
和氣藹若 春風惠日
　영해위반년 용호유양재 유시 담도쟁성 위여폭우신뢰 유시논심 회기애약
　춘풍혜일

제주에서 반 년 세월 그대를 위로하였고 용호에서는 두 해를 함께 살기도 하였지요. 때로는 도道에 대하여 담론이 펼쳐졌지만 언쟁의 소리가 위험한 폭우와 빠른 번갯불 같기도 하였지요. 때로는 마음을 논하려고 하면 부드러운 말씀이 이무기 같고 봄바람에 따스한 햇살 같기도 하였지요.

手煎雷莢雪乳同傾 耳觸聲悲蘿衫具濕 生前一悟 憑珠鏡而叮嚀 身

後雙悲倂龍鸞而彌切

수전뇌협설유동경 이촉성비라삼구습 생전일오 빙주경이정녕
신후쌍비병용난이미절

손수 정성들여 달인 뇌협차와 설유차를 함께 기울이며 슬픔의 소리
가 귓전에 울릴 때는 함께 옷소매를 적시기도 하였지요. 살아생전에
그대와 함께 깨우침의 일들은 구슬같이 맑은 거울에 의지한 듯 정녕스
러웠고 그대 떠난 후 두 눈에 흐르는 슬픔은 용과 난새의 간절함을 채
우고도 남음이 있지요.

嗚乎!

萎盡黃花零白雪 恨我起行遲 不圓殘月滿 靑春怨公移案早 相思還
如避 來近却是遙

오호!
위진황화영백설 한아기행지 불원잔월만 청춘원공이안조 상사환여피 래근각시요

슬프도다!

노란 국화꽃은 차가운 흰 눈 위에 떨어져 내리는데 나 자신의 한스
러움은 뒤늦게 그대의 영전에 찾아왔습니다. 둥글지도 못한 조각달만

이 가득한 듯한데 아직 청춘 같은 그대가 일찍 떠나심이 원망스럽습니다. 서로의 생각을 못 잊어 찾아왔건만 그대는 나를 피하는 듯 가까이 올수록 오히려 그대는 멀리 가 계시는 듯합니다.

出徑落花風自掃　출경낙화풍자소

遙欄芳樹月孤陰　요난방수월고음

未信蘇郎寄宿遠　미신소랑기숙원

也疑顏子修文深　야의안자수문심

길바닥에 뒹구는 낙화는

바람이 스스로 쓸어가고

높은 난간 꽃다운 나무들

달빛마저 고즈넉이 어둡기만 합니다

믿지 못함이여

소랑의 기숙이 멀기만 하여라

또한 의심스러움이여

안자顏子가 문자를 깊이 닦았다는 것을……

回頭收長嘆 揮淚呈一言

회두수장탄 휘루정일언

머리를 돌려 긴 탄식을 멈추고 눈물을 뿌려 한 말씀 올려 바칩니다.

末後一句都說罷　말후일구도설파

從前萬事總成空　종전만사총성공

空到眞空還妙有　공도진공환묘유

蓮花萬朶火中紅　연화만타화중홍

그대 떠나심에 한 구절

모두 설파하소서

살아생전 모든 일들이

이제 모두 공허함이 되었나니

공허함이 참 공에 이르니

오히려 묘유妙有라 하네

연꽃 만 송이가

불 속에서 붉게 피어나듯이……

高一着　更思惟我來　元不至公亦無歸　這箇是阿誰

고일착 갱사유아래 원부지공역무귀 저개시아수

높이 한번 눈을 뜨소서. 다시금 생각건대 내가 여기 온 것은 원래 온 것도 아니며 그대 또한 돌아감이 없으니 이것이 누구입니까?

盡大地人都不識   진대지인도불식

祗許先生獨自知   지허선생독자지

尙饗   상향

온 천지 사람들이

모두 알지 못한다 해도

다만 선생이 홀로

나의 마음 알아주시겠지요.

흠향하소서.

초의 선사는 이처럼 평생의 도반을 여의고 그 안타까운 마음을 제문으로 지어 올린 후 쓸쓸히 해남으로 발길을 돌렸다. 인간이 한 생을 살아가면서 좋은 벗과 함께 내내 좋은 일하며 지내다가 떠날 때도 함께 간다면 얼마나 좋으랴. 그렇게 할 수 없는 것은 제문의 내용처럼 백천 겁의 인연을 쌓아온 길이 서로 다르기 때문일 것이다.

온 세상 모든 사람들이 초의 선사의 이 같은 슬픈 마음을 알아주지 못한다 해도 오로지 추사만은 알아줄 것이라는 맺음말이 아프게 읽힌다. 제문을 지어 올리고 절을 하며 눈물지었을 초의 선사의 모습이 눈에 선하다.

다음은 추사가 살아생전 초의 선사에게 보낸 편지 가운데 일부를 옮긴 것이다. 두 사람의 막역한 우정의 이면을 되짚어보는 데 도움이 될 듯싶다.

日月滔滔 世間又過一春秋 宜師輩之欲永脫輪劫 處不轉之地

然以居易俟命存順 沒寧者觀之 師輩之所欲爲者 寧不勞勞而反復多事耶

일월도도 세간우과일춘추 의사배지욕영탈윤겁 처부전지지
연이거역사명존순 몰령자관지 사배지소욕위자 영불로로이반복다사야

해와 달이 도도히 흐르면 세상 사람들은 또 봄가을이 지났다고 합니

● 여기 실린 제문은 전문 중 끝부분을 옮겨 해석한 것임을 밝혀둔다.

다. 스님들께서는 윤회의 겁을 벗어나 윤회하지 않는 곳에서 살고자 하겠지요.

그러나 순환의 삶 속에서 운명을 기다리는 것을 순리에 있다고 하겠지만, 안녕할 수 없는 우리들의 입장에서 보면 스님들의 삶의 모습이 어찌 번거롭되 번거롭지 않다 하면서도 도리어 섬기는 일이 많기만 합니까.

委存失奉 殊覺悵惘 續枉禪緘 字字惠珠 燭照一室 大非皮相言語 半日偸閑之比 以欣以頌 海老師亦無恙否

위존실봉 수각창망 속왕선함 자자혜주 촉조일실 대비피상언어 반일투한지비
이흔이송 해노사역무양부

스님께서 자세히도 찾아오셨는데 받들어 모실 기회마저 잃어버리고 자못 서글프고 허전함을 느끼던 중 스님의 편지를 받아보니 한 자 한 자 글귀들은 구슬처럼 빛나고 온 방 안에 촛불을 밝힌 듯합니다.

스님[皮相]께서 보내주신 편지를 읽느라 반나절의 한가함을 빼앗겼다고 하지 않을 수가 없습니다. 반가움을 칭송하나이다. 해 노스님도 별 탈 없으신지요?

每飯不可忘 此老則必忘之久矣 以無我無人 四大隸字 寄送 幸爲我
轉致何如

매반불가망 차노즉필망지구의 이무아무인 사대예자 기송 행위아전치하여

스님께서 매일 밥 먹는 것은 잊지 않으면서 이 늙은이를 잊은 지 오
래되었나 봅니다. 무아무인 넉 자를 큰 예서로 써서 부치나니 나를 대
신해서 해 노스님께 전달해주심이 어떠할는지요?

既無矣 忘亦無着 是所以無忘也 以是叩證
聊傳老師一粲無妨 運百福 三大字 師自收之 自運而運人是切禱 十
瓣香幷呈 以備淸供 立俟艱草

기무의 망역무착 시소이무망야 이시고증
요전노사일찬무방 운백복 삼대자 사자수지 자운이운인시절도 십판향병정
이비청공 입팽간초

이미 없다고 한다면 또한 집착할 것도 없지요. 이런 까닭으로 무망無忘
이라 하오니 이로써 고증하소서.

이것을 해 노스님에게 전해주어 한바탕 웃음을 자아내게 하는 것도
무방하겠지요. 운백복運百福이라는 석 자 큰 글씨는 스님께서 가지시고
자기를 운전하는 것이 남을 운전하는 것이라고 간절히 빌어봅니다.

열 판의 향을 아울러 보내오니 부처님께 공양 올릴 때 써주십시오. 팽당伻儻(하인)을 세워놓고 어렵게 글을 써 보냅니다.

추사의 편지에는 짓궂은 장난기가 담겼다. 하루 세 끼 밥 먹는 건 잊지 않으면서 자신을 잊고 사는 초의 선사를 은근히 비꼬는 내용을 보면 저절로 입가에 미소가 번진다. 두 사람이 그만큼 막역한 사이였다는 얘기이다.

또한 추사는 초의 선사에게 오고감이 없는 열반의 경지를 무아무인無我無人의《금강경》법문에서 인용하며 백복百福을 운전하라는 글씨를 써서 전하기도 한다. 이 글에서 속인으로서 초의 선사의 수행력을 높이 평가하고 나아가 인천人天의 스승임을 인정하겠다는 뜻이 엿보인다.

추사는 스스로 박복한 중생임을 드러내기도 한다. 정성들여 구입한 향 열 판을 부처님께 올려달라고 부탁하는 걸 보면 시대의 천재 추사도 얼마쯤 보통 사람의 품성을 지니고 있었던 모양이다. 또 하인을 세워두고 급히 편지를 써 보낸다는 내용도 현장감이 느껴져 재미있게 읽힌다.

추사는 마음이 울적하거나 괜히 짓궂은 장난기가 동하면 그때마다 초의 선사에게 편지를 썼는데,《추사문집》에는 위와 같

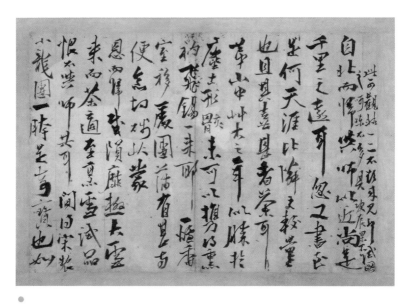

〈추사 간찰〉. 아모레퍼시픽미술관 소장.

은 편지가 40여 통 전해지고 있다.

하지만 두 사람의 편지 원본은 그 후 어디로 사라졌는지 알 길
이 없다. 추사가 세상을 떠났을 때 쓴 초의 선사의 제문 역시 원
본을 찾을 수 없다. 제주 유배지 대정의 추사 기념관에도 거의
복사본만 진열되어 있어 진적眞跡을 확인하고 싶은 필자 같은 이
들은 그저 아쉬운 발길을 돌릴 수밖에 없다.

초의 선사와 소치와의 만남

—

초의 선사는 1835년 50세가 되었을 때 28세의 젊은 소치 허련을 만나게 된다. 두 사람의 만남은 우연이 아니라 전생부터 이어진 인연이 있었던 것이 아닌가 싶다. 소치가 해남을 찾게 된 사연을 살펴보면 그 까닭을 알 수 있다.

진도는 우리나라에서 제주도와 거제도 다음으로 큰 섬이다. 진도대교를 건너면 서북쪽의 끝 지점에 첨찰산이 있는데, 산 아래 고려시대에 창건된 쌍계사雙溪寺가 있고 그 옆에 소치가 태어나 자란 집이 있다. 그런 까닭에 소치는 어릴 때부터 사찰 출입이 자연스러웠다. 또한 스님들과의 친분도 저절로 가까울 수밖에 없었다.

이러한 성장환경으로 인해 소치는 사찰의 탱화와 벽화, 현액, 그리고 불상 들에 대해 유심히 관찰하는 버릇이 있었다. 그러다 보니 자연스럽게 스님들로부터 불화와 서화 등에 조예가 깊은 초의 선사에 대해 듣게 되었다. 초의라는 법명을 알게 된 후 소치는 언젠가 꼭 한 번 초의 선사를 친견해야겠다고 마음먹었다.

그러나 어린 소치에게는 아직 이렇다 할 스승도 없었다. 오로지 그는 《오륜행실도五倫行實圖》라는 책을 보고 그림을 베끼는 연습이 고작이었다. 《오륜행실도》란 아이들에게 어릴 때부터 훌륭한 인물을 닮아 효와 충, 그리고 가족관계, 친구, 스승과 제자의 관계를 바르게 하라고 그림으로 가르치는 책이다. 글을 잘 모르는 아이들에게 그림책을 통해 오륜의 도리를 깨우쳐주는 어린이용 교재라고 할 수 있다.

소치가 《오륜행실도》를 보고 얼마나 열심히 베끼고 연습을 했던지 숙부를 비롯한 어른들로부터 자주 그림 재주가 좋다고 칭찬을 받았다. 이것이 계기가 되어 소치는 본격적으로 그림 공부에 뜻을 두었다. 그러나 바람과 파도소리만 요란한 척박한 섬에서 그림 공부를 하기란 쉽지 않았다. 눈을 씻고 찾아보아도 그를 가르쳐줄 스승은 어디에도 없었다.

예로부터 해남은 진도를 가기 위해 반드시 거쳐야 할 곳이었다. 또 해남에는 천년고찰 대흥사가 있고 사찰 초입에는 고산孤山 윤선도尹善道(1587~1671)의 고택이 자리 잡고 있다. 또한 그곳에는 고산 윤선도의 증손자이며 뛰어난 화가인 공재恭齊 윤두서尹斗緖(1688~1715)와 역시 화가인 그의 아들 윤덕희尹德熙의 화첩이 보관되어 있었다.

청년이 된 소치는 해남으로 건너가 고택에서 화첩을 빌려 가까운 대흥사로 찾아갔다. 먼 진도까지 갈 수 없으므로 가까운 대흥사에 머물며 공부하기로 한 것이다. 소치는 대흥사에서 숙식하며 밤낮없이 화첩을 베끼는 그림 공부에 몰두했다.

이때 대흥사에는 초의 선사가 주석하고 있었다. 어릴 때부터 친견하고 싶어했던 초의 선사를 만난 소치는 아마도 매우 기뻤을 것이다. 하지만 크게 내색하지 않고 그림 공부에만 매진했다. 당당히 그림 실력으로 인정받고 싶다는 마음뿐이었다.

초의 선사는 그런 소치의 그림을 눈여겨보았다. 소치는 타고난 능력에 열정적인 노력을 더해 일취월장 그림 솜씨가 눈에 띄게 달라졌다. 초의 선사는 소치가 열심히 그림 공부를 할 수 있도록 물심양면으로 배려하고 후원했다. 물론 그림의 기초와 이론을 직접 가르치기도 했다.

소치는 초의 선사를 만나면서부터 그림은 물론 세상을 보는 안목까지 점차 넓어졌다. 또한 그 당시 얼마나 화첩을 베끼고 베꼈던지 그때의 심정을 회고한 《소치실록》에 다음과 같은 기록이 남아 있다.

數日寢息頓忘

수일침식돈망

헤아릴 수 없는 날들을 그림에 몰두하느라 잠자는 것도 잊어버렸다.

소치는 먹고 자는 것도 잊을 만큼 열심히 그림 공부를 하는 한편 법당에 올라가 기도하는 시간도 자주 가졌다. 드높은 예술의 경지는 사람의 공력만으로 가능한 것이 아니라는 생각이 들었던 것이다. 본인의 지극한 노력과 그에 더해 제불보살諸佛菩薩의 가피력을 얻어야 비로소 예술의 드높은 경지를 실현할 수 있을 것이라 믿었다.
당시 초의 선사가 소치와의 일화에 대해 언급한 글을 살펴보자.

尙在草庵時 紊禪於準提佛 一心入定矣 一日痴君忽來 請供齊余不辭而克齊誠矣 其後痴之上京 聲聞甚藉 豈非佛祖冥佑也
상재초암시 참선어준제불 일심입정의 일일치군홀래 청공제여불사이극제성의
기후치지상경 성문심자 기비불조명우야

어느 날 초암에 있을 때 준제부처님 앞에서 참선을 하고 일심으로

선정에 들었는데 하루는 소치가 찾아와 부처님께 재물을 올려 불공을 드려달라기에 내가 사양하지 아니하고 지극히 정성들여 부처님께 재물을 올려 기도하였다. 그 후로부터 소치가 나의 소개로 상경하여 추사에게 그림을 본격적으로 배우게 되었고 서울에서 그림 솜씨가 뛰어나다는 소리가 자자하게 들렸으니 이것이 어찌 부처님과 제불보살의 큰 도움이 아니라고 하겠는가.

이렇게 소치는 대흥사에 머물면서 열심히 그림을 공부하여 우선 초의 선사에게 인정을 받았다. 그런 다음 초의 선사는 소치가 그린 수작 몇 편을 따로 모아 상경할 때 가지고 가서 추사에게 보였다. 이때 두 사람이 만난 장소는 두릉斗凌에 있는 다산의 아들 정학연의 집이었다.

당시 소치의 그림을 본 추사는 깜짝 놀라며 이렇게 말했다고 한다.

鴨水以東 無作此矣

압수이동 무작차의

압록강 동쪽에서 이보다 좋은 작품은 볼 수 없겠네.

추사는 소치의 그림을 자세히 살펴보고는 타고난 기량과 사물을 묘사하는 능력을 칭찬했다. 하지만 아직 화법의 세세한 이론과 산악과 암석을 표현하는 준법은 미흡해 보였다. 그래서 앞으로 먹을 다루는 준법을 제대로 익히면 크게 발전할 수 있다는 판단에 압록강 동쪽에서 이보다 뛰어난 그림이 없을 것이라 칭찬한 것이다. 이것이 인연이 되어 초의 선사는 소치가 추사의 문하생으로 그림 수업을 할 수 있도록 확답을 들은 후 대흥사로 돌아왔다.

초의 선사로부터 뜻밖의 훌륭한 스승을 소개 받아 상경의 기회를 잡은 소치는 감격했다. 지극 정성으로 불전에 기도한 응답이 아닐 수 없었다.

소치는 마침내 상경하여 꿈에 그리던 스승 추사를 찾아 배알했다. 그러고는 본격적인 그림 수업을 시작하였으니 이때 추사의 나이 54세, 소치는 32세였다.

이후 추사와 소치의 사제 관계는 각별하게 이어졌다. 1840년 추사가 제주도로 유배 가게 되자 소치는 기꺼이 배웅에 임했다. 또한 제주 목사 이용현李容鉉의 도움으로 아예 제주도로 건너가 서화수업을 받기도 했다. 이후 한양으로 돌아온 소치는 헌종에게 《설경산수도》를 바쳐 극찬을 받았다. 1847년에는 세 번째로 제주도를 건너가 스승 추사를 찾아뵈었다. 두 사람의 애틋한 사제 관계는 1856년 추사가 타계할 때까지 계속 이어졌다.

소치는 문장과 그림, 글씨에 모두 능해 삼절三絶로 불렸는데 그중에서도 특히 묵죽墨竹을 잘 그렸다. 그림을 그린 후 화제畵題를 쓸 때는 주로 추사체秋史體를 썼다.

소치가 추사를 사사師事할 수 있도록 이끈 초의 선사는 동다로 명성이 자자한 다인이자 승려였지만 시서화에 능한 예술인이기도 했다. 추사의 제자 소치 허련 이래로 그의 집안에서는 미산未山 허형許瀅(1862~1938), 의제毅齋 허백련許百鍊(1891~1977), 남농南農 허건許楗(1907~1987)으로 이어지는 한국 남화의 맥이 형성되었으니 이 결실의 결정적인 공헌자로 초의 선사를 꼽지 않을 수 없다.

특히 소치는 평생 초의 선사의 은혜를 못 잊어 후손들에게 "내가 죽으면 묘의 방향을 대흥사로 향하게 하라."는 유언까지 남겼다고 한다. 이로 미루어보아 두 사람의 인연은 그저 우연이 아니라 삼생을 통해 쌓은 선연善緣의 결과라 하겠다.

불가에서도 흔히 소연불가경小緣不可輕이란 말이 전해지는데, 작은 인연도 함부로 가벼이 여기지 말라는 뜻이다.

삼국의 차생활을 살펴보다

—

신라뿐만 아니라 고려와 조선에 이르기까지 동다에 관한 기록이 불교와 관련된 서책 속에 전해져오고 있다. 하지만 배불숭유의 정치적 이념을 추구했던 조선에 와서는 차생활의 명맥이 끊어지고 차가 놓여야 할 자리에 토산차와 반탕飯湯(단술 종류), 막걸리가 대신 놓이게 되었다.

간략하게나마 신라, 고려, 조선으로 내려오면서 나타난 기록들을 간추려 그 시대의 차생활에 대해 살펴보기로 하자.

신라의 차생활

《동국여지승람東國興地勝覽》에 나타난 내용을 살펴보면 호국의 기상을 연마하고 인격을 도야하기 위해 명산名山을 찾아 심신을 단련한 화랑도花郎徒들이 차를 마셨다는 기록이 있다.

寒松停畔 有茶泉 石竈石臼 卽術郞仙徒遺跡

한송정반 유다천 석조석구 즉술랑선도유적

한송정 호반가에 차를 달이는 샘이 있고

찻물을 끓이는 돌솥과 찻잎을 가루 내는 돌절구가 있으니

곧 술랑선도들의 자취인 것이다.

한송정은 오늘날의 강릉지방을 일컫는 말이고 그곳에서 신라 화랑도였던 술랑 등의 무리들이 모여 차를 달여 마셨다는 흔적이 있음을 밝히고 있다.

또한《삼국유사》권2 경덕왕조에는 다음과 같은 차생활의 풍속이 있었음을 보여주고 있다.

景德王二年 三月三日 王御歸正門樓上 更有一僧 被衲衣 負櫻筒 從南而來 王喜見之 邀致樓上 視其筒中 盛茶具已 王曰 汝爲誰耶 僧 曰 忠談 王曰 何所歸來 僧曰 每重三重九之日 烹茶饗南山三花嶺 彌 勒世尊 今玆旣獻而還矣

王曰 寡人亦一甌茶有分乎 僧乃煎茶獻之茶之氣味異常 甌中異香郁 烈云云

경덕왕 2년 3월 3일 왕어귀정문루상 갱유일승 피납의 부앵통 종남이래 왕희견지
요치루상 시기통중 성다구이 왕왈 여위수야 승왈 충담 왕왈 하소귀래 승왈
매중삼 중구지일 팽다향남산삼화령 미륵세존 금자기헌이환의
왕왈 과인역일구다유분호 승내전다헌지다지기미이상 구중이향욱렬운운

743년 어느 날 경덕왕이 귀정문 누각에 올라 경치를 바라보고 있으니 한 스님이 초라한 누더기를 입고 앵통(벚나무로 만든 통)을 짊어진 채 남산에서 내려오고 있었다.

경덕왕은 기쁜 마음에 누각으로 그 스님을 맞이하여 앵통 속을 들여다보니 다례茶禮를 행할 때 쓰는 다구茶具가 가득했다. 임금이 말하기를 "스님은 누구신지요?" 하니 "충담"이라 했다.

임금이 다시 "어디에서 돌아오는 길입니까?" 하니 충담이 이르기를 "소승은 언제나 음력 3월 3일과 9월 9일에는 차를 달여 남산 삼화령에 계시는 미륵세존에게 올리는데 지금 차를 올리고 돌아가는 길입니다." 라고 했다.

경덕왕이 이르기를 "과인도 또한 한 잔의 차를 나눌 수 있겠습니까?" 하니 충담은 그 자리에서 차를 달여 임금에게 올렸다. 임금이 차를 마시매 냄새와 맛이 이상하고 찻잔 속에는 차향이 더욱 진하게 묻어남을 느꼈다.

앞서 밝혔듯 역사적으로 동다의 차나무가 처음 등장한 건《삼국사기》의 기록이다. 신라 흥덕왕 3년(828)에 당나라를 다녀온 사신 김대렴이 차종자를 가져와 지리산 부근에 심었다는 기록이 있다.

하지만 위의《삼국유사》기록으로 미루어보면《삼국사기》에 기록된 흥덕왕 3년(828)보다 약 80여 년이 앞선 신라시대에 이미 차생활의 풍속이 있었음을 알 수 있다.

즉 우리나라 자생차가 김대렴이 중국에서 차종자를 가져와 지리산에 심기 전부터 있었고, 사찰에서는 이미 승려들이 부처님께 올리는 공양으로 다례茶禮를 행하고 있었다는 뜻이다. 다례를 행했다는 것은 승려들이 정성스레 차를 따서 덖고 우리는 일련의 과정들이 깨달음을 위한 하나의 수행방법이었음을 짐작하게 해준다.

고려시대의 차생활

《고려사》에는 성종(960~997)이 손수 찻잎을 맷돌에 찧어 가루차를 부처님께 공양물로 올려놓고 공덕재功德齋를 지냈다는 기

록이 있다. 이것으로 보아 당시에 이미 우려먹는 차인 전다煎茶
뿐만 아니라 가루차인 말차도 음용되었음을 알 수 있다.

뿐만 아니라 고려말 충신 정몽주鄭夢週(1337~1392)는 다음과 같
은 다시茶詩를 읊어 그 시대 차생활과 충신의 굽히지 않는 정절
을 엿볼 수 있게 한다.

報國無效老書生　보국무효노서생
喫茶成癖無世情　끽다성벽무세정
幽齋獨臥風雪夜　유재독와풍설야
愛聽石鼎松風聲　애청석정송풍성

나라에 입은 은혜 갚을 길 없는

늙은 서생은

차 마시는 버릇만 있어

세상물정 모른다네

고요히 서재에 홀로 누웠나니

풍설 휘날리는 한밤이여

사랑스럽도록 듣는 것은

찻물 끓이는 솔바람 소리라네

고려시대의 차생활은 귀족과 중인, 그리고 일반 백성들에게까지 보편화되어 있었다. 이것을 짐작할 수 있게 해주는 것은 다름 아닌 불교 행사이다. 당시 불교 행사에 반드시 등장하는 첫 번째 공양물은 바로 차였다. 부처님께 차를 바치는 헌다獻茶 의식은 무엇보다 중요한 의식이었다.

고려시대에는 이른 봄에 사찰에서 온 백성들과 함께 연등회燃燈會를 열었다. 연등회는 국가와 왕실의 태평을 기원하는 국가적인 행사이면서 동시에 한 해 동안 나라와 국민이 평안하기를 기원하는 백성들의 축제였다.

또한 가을에는 토속신들에게 지내는 제사인 팔관회八關會를 열어 임금과 군신, 백성 들이 모여 헌다 의식을 행했다. 이때는 신분과 지위를 떠나 모든 백성이 한자리에 모여 가정의 화합과 행복을 기원하고 재앙을 막는 다례재茶禮齋를 올렸다. 또 이날 올린 공양물인 차와 다식茶食은 모인 사람들이 다함께 나누어 먹었다. 이것은 모든 중생에게 자비정신을 일깨우는 하나의 미풍양속으로 오랜 기간 지속되었다.

조선시대의 차생활

　조선시대에는 유교가 건국이념으로 자리 잡게 되자 불교와 함께 융성했던 차문화의 풍속도 자연스럽게 쇠퇴하여 차차 그 자취를 찾아보기 힘들게 되었다. 그나마 산중에서 생활하는 승려들이 헌다와 다도의 차문화를 간직하여 간신히 명맥을 유지했다. 승려들은 서로 정을 나누는 선물로 차를 주고받기도 했고, 때로는 사대부들과 교유하면서 차의 향과 맛을 알리기도 했다. 앞서 밝힌 대로 초의 선사가《동다송》을 짓게 된 계기 역시 이러한 사대부들의 차에 대한 관심과 요청에 의한 것이었다. 하지만 일반 백성들의 삶 속에서는 이미 차문화의 풍속이 잊힌 지 오래였다.

　세종 25년(1443) 신숙주申叔舟(1417~1475)가 서장관書狀官으로 일본에 다녀온 후《해동제국기海東諸國記》를 집필했는데, 그 책에 일본인들의 차생활을 보고 기록한 다음과 같은 글이 실려 있다.

人喜啜茶 路旁置茶店 賣茶 行人 投錢一文 飮一碗云云

인희철다 로방치다점 매다 행인 투전일문 음일완운운

일본인들은 차 마시는 것을 좋아하여 길거리마다 차를 판매하는 점포가 있었다. 사람들에게 차를 판매하면 행인들이 일 문(한 냥)의 돈을 지불하고 한 잔씩 받아 마셨다……

위의 글로 미루어보아 일본에서는 이미 차를 마시는 문화가 국민들 사이에서 보편화되어 있었음을 알 수 있다. 일본에서는 어디를 가나 쉽게 찻집에서 상품화된 차를 구입할 수 있었고, 만들어놓은 차를 사서 바로 마실 수도 있었다.

이러한 음다풍속飮茶風俗을 처음 접한 신숙주는 오히려 이상한 풍속이라고 기록하고 있다. 이런 점에서 보건대 신숙주는 아마도 차를 마시는 풍습이 불교의 다례에서 왔다 하여 업신여겨 낮게 보려는 마음이 있었던 게 아닌가 싶다.

이렇게 유교적 이념을 숭상했던 조선에서는 점점 차문화의 풍속이 사라지고 차를 대신한 주류酒類가 백성의 혼을 달래는 새로운 기호품으로 등장하게 되었다.

해방 이후의 차생활

해방 이후 쇠퇴했던 국가 경제가 차차 나아지자 차문화의 중요성이 조금씩 알려지기 시작했다. 특별히 이를 강조한 인물이 있는데, 진주晉州 다솔사多率寺에 주석하던 효당曉堂 최범술崔凡述 (1904~1979) 선생이다. 효당 선생은 사찰 주변에 차나무를 심어 채엽採葉과 함께 법제하여 올바른 제다製茶법을 통달하고 후학을 키워 이를 전수하기도 했다.

또한 선생은《동다송》을 쉽게 번역하여 1970년대 초부터 주간지 〈독서신문讀書新聞〉에 '한국의 다도茶道'라는 제명으로 연재하기도 했다. 이러한 선생의 노력이 세인들에게 전해지면서 차에 대한 관심이 높아졌고, 더불어 문화생활로서의 다도가 소중한 우리의 전통임이 널리 알려졌다.

한때 효당 선생은 곳곳의 인연들을 모아 초의 선사가 살았던 대흥사 일지암을 복원하는 데도 큰 힘을 쏟았다. 일지암은 초의 선사가 39세 때 지어 40여 년 동안 차와 선을 수행한 곳이며《동다송》을 쓴 곳이기도 하다.

그때 참여한 면면들을 간략하게 소개하면 이렇다.

박동선朴東宣, 김미희金美熙, 김제현金濟鉉, 김봉호金鳳皓, 한국제

다 서양원徐洋元, 배정례裵貞禮, 이순희李順姬 여사와 일생 동안 다
구茶具를 제작한 도공陶工 김종희金鍾喜 선생, 그리고 서화가로서
허백련許百鍊, 오제봉吳濟峰, 안광석安光碩, 설창수, 정명수鄭命壽
선생이 있고, 스님으로는 법정法頂, 성우性愚, 도범道梵, 여연如然,
선혜禪慧 스님 등이 있다. 이런 분들의 마음이 합해져 오늘날까
지 다도의 전통이 살아 숨 쉬고 있는 것이리라.

특히 필자가 살아생전에 친견하여 가르침을 받았던 최범술,
오제봉, 안광석, 설창수, 정명수 선생과 해남 대흥사에서 생활할
때 알게 된 김제현, 김봉호, 서양원, 배정례 선생도 눈에 선하다.
하지만 이미 모두 고인故人이 되셨고 해남에서 살고 있는 이순희
여사만 생존해 계시니 이제 아득한 기억 속에 아름다운 추억으
로 남아 있을 뿐이다.

요즘에는 우리나라가 눈부신 경제 부흥을 이루어 차문화도 어
엿하게 문화생활의 한 부분을 차지하고 있어 다인의 한 사람으
로 뿌듯한 생각도 든다. 하지만 아직도 초의 선사의 동다에 대한
참 의미를 알고 실천하는 다인들은 많지 않으니 이 점이 못내 아
쉬울 따름이다.

고전에서 배우는 바른 차생활

—

　요즘은 산사에서 생활하는 스님들조차 차의 고전인《동다송》한 구절도 제대로 암송하지 못하고 겉치레를 위한 장식으로 다도를 하고 있는 것이 현실이다. 뿐만 아니라 가장 검소하고 소박한 마음으로 다도에 임해야 할 스님들이 화려한 다구나 값비싼 차를 구입하는 걸 자랑으로 여기고 있으니 고전을 통한 온고지신溫故知新의 차생활은 더욱 어려워지고 있다.

　근래에 와서는 산사에 어울리지 않는 커피 문화가 성행하여 우리 전통문화를 아끼고 사랑하는 세인들에게 부끄러운 단면을 보이고 있으니 이것도 깊이 반성해야 할 것이다.

　다도茶道는 차와 더불어 참된 사람의 길을 배우는 것을 말하고, 다례茶禮는 차를 마실 때의 예의와 몸가짐, 그리고 차를 마실 때의 분위기와 지식 등을 일컫는 말이다. 다도와 다례는 분명한 우리나라의 전통문화이다. 그럼에도 불구하고 그 풍속이 대부분 사라져 몇몇 다인들 사이에서는 일본 풍속을 수입해 응용하고 있는 실정이다. 뿐만 아니라 우리의 고유한 다도를 기호식품인 토산차와 함께 다루고 배우는 사람들이 차사범茶師範이니 뭐니 하며 후학들에게 다도를 가르치고 있다 하니 참으로 부끄러운 마음 금할 길이 없다.

또한 몇 가지 행다의식行茶儀式만 알면 마치 고상하고 고급한 문화생활을 누리는 양 자족자락自足自樂하는 사람들을 흔히 볼 수 있으니 이도 부끄러운 일이다. 그야말로 다인은 수없이 많으나 초의 선사가 말하는, 차를 통해서 자신의 인생을 성찰하고, 수행자가 수행하듯 내면을 맑히는 진정한 다인은 찾아보기 어려우니 참으로 아쉬울 따름이다. 부디 앞으로는 다인들이 《동다송》을 통해 차의 참맛이 무엇이고, 다도를 통해 나아가야 할 경지가 어디인지, 왜 차와 선이 하나인지 깊이 참구해보는 기회로 삼았으면 좋겠다.

초의 선사는 《동다송》을 저술하기 전 《다신전》을 초록했다. 《다신전》은 찻잎을 따서 덖고 우리고 마시는 법은 물론이거니와 차를 저장하는 방법과 분별하는 법까지 상세히 기록한 책이다. 이에 비해 《동다송》은 전체 500여 자에 불과한 책이다. 칠언절구로 모두 17송이 전해지고 있는데 그 안에 차의 역사와 차나무의 품종, 차의 효능, 생산지와 품질 등 다양한 소재를 담고 있다. 또 각 송마다 주석을 달아 본문의 뜻을 알기 쉽게 설명한 것도 특징 중 하나이다.

초의 선사가 동다를 통해 우리에게 전하려는 메시지는 물론 차와 함께하는 생활의 중요성이다. 삶을 살아가면서 사람과 차와 생활이 한 가지 맛으로 어우러지면 거기서 가장 진솔한 삶의 본질이 드러난다. 은은한 차의 맛과 향 속에서 드러나는 삶의 본질이 무엇이겠는가. 그것은 바로 여유로움과 행복일 것이다.

인간에게는 누구나 본색本色과 본심本心이 있지만 분별적 망상에 물들면 두 가지를 모두 잃고 만다. 이것을 잃지 않고 치유할 수 있게 돕는 것이 바로 초의 선사가 말하는 차의 덕성이다. 차의 덕성이 실제 생활 안에 녹아들면 인간의 본색과 본심은 맑은 차의 색과 향으로 서서히 물들게 된다. 마치 수행자가 수선修禪을 통해 인간의 마음을 다스리듯 언제나 법희식法喜食을 먹고 선열식禪悅食에 충만해질 수 있다는 것이다. 초의 선사는 실제로 한잔의 차를 마시되 법희선열식法喜禪悅食해야 한다고 말하기도 했다.

초의 선사가 법희와 선열을 굳이 차를 마시는 것에 비유한 것은 인간의 마음과 생명력을 키우는 데 있어 그것이 필수적인 음식이 된다는 걸 강조하기 위함이다.

생명을 오래 유지하기 위해서는 건강이 중요하고, 건강을 지키기 위해서는 마음을 잘 다스려야 한다. 차를 마시는 일은 마음을 다스리는 일에 다름 아니다. 차를 통해 마음이 잘 다스려진다면 그 안에 생명의 환희는 물론 자신의 삶까지도 향기로움으로 가득 찰 것이다. 그러므로 차생활이야말로 식탐을 내지 않는 절제심을 지니게 하고 호흡을 조절하는 법희식이며, 인간의 내면 세계를 사유하는 깊은 선열식인 셈이다.

이러한 까닭에 초의 선사는 동다를 배우는 일이 곧 인간의 본색과 본심을 차색茶色과 차향茶香으로 물들이는 끊임없는 작업이라 한 것이다. 이러한 차생활을 실제로 우리 생활 속에서 나날이 실천한다면 그 누구라도 향기로운 멋과 지혜를 배울 수 있게 될 것이다.